미세먼지, 황사, 비오는 날…
오늘 체육 시간은 무엇을 할까?

실내에서 끝장내는 체육놀이

엄혁주 지음

i-Scream

CONTENTS

Class Three

스마트하게 끝장내는 체육놀이

선생님, 혹시 체육수업이 어려우신가요?

체육수업에서 무엇을 가르쳐야할지 고민이신가요?

그 동안 운동 실력이 부족해서 체육을 싫어하진 않으셨나요?

어쩌면 우리는 그 동안 체육에 대한 고정관념에 사로잡혀 체육 수업을 두려워만 하고 있던 건 아닌지 모르겠습니다. 초등 체육은 '운동장에서 땀 흘리며 뛰어다니는 수업', '교과서는 볼 필요 없는 수업', '시험이 다가오면 건너뛰어도 되는 수업' 등 수많은 고정관념에 사로잡혀 있습니다. 이런 현실 속에서 저는 초등 체육은 근본적인 방향부터 잘못된 것은 아닐까라는 질문을 제 스스로에게 던지기 시작했습니다. 그러던 중 겪게 된 두 가지 일련의 사건들을 통해 초등체육의 패러다임 변화의 필요성을 확신하게 되었고 초등현장에서 '체육놀이'라는 새로운 방향을 찾게 되었습니다.

첫 번째 사건은 학교를 휴직하고 대학원 공부를 하던 때였습니다. 지도 교수님의 권유로 연구조교 생활을 하면서 종종 교수님의 미국 유학시절 이야기를 듣게 되었습니다. 수많은 이야기들 중 유독 제 마음에 남는 이야기는 교수님이 오레곤 대학의 'summer camp'에서 강사를 하면서 겪으신 이야기였습니다.

때는 1970년대 말에서 1980년대 초반이었기에 우리나라는 오로지 경제 성장만을 목표로 먹고 살기에 바빠 여가나 놀이라는 것에는 전혀 관심이 없는 시절이었습니다. 당시 교수님이 캠프를 운영하며 느꼈던 것은 아이들이 놀이와 게임으로 삶을 배운다는 것이었습니다. 놀이와 게임을 통해 때론 상대를 이기기도 때론 지기도 하며, 문제해결 능력을 기르고 사회에 필요한 사람으로 커가고 있었다는 것이었습니다.

그 이후로 교수님은 한국에 돌아가면 놀이와 게임 전도사가 되어 아이들에게 소중한 경험을 알려주리라 다짐했다고 합니다. 사실 저는 당시 스포츠심리학을 전공하고 있었고 놀이나 게임은 전공과 별개라는 생각이 강했습니다. 그러나 우연히 어느 미국 초등학교 교사의 이야기를 읽게 되면서 제 마음은 송두리째 흔들리게 되었습니다.

다음은 22년간 LA의 빈민가에서 아이들을 가르치며 미국에서 가장 영향력 있는 교사로 손꼽히는 초등교사 '에스퀴스는 호바트 불르바'의 이야기입니다.

이곳의 학생들은 학기 초에 신뢰 게임을 통해 서로를 알아가고 공동체가 되는 의식을 실시합니다. 그리고 단순한 문제풀이가 아니라 게임을 하면서 수학의 즐거움을 깨닫고, 체육 시간에 참여하지 못하는 것을 가장 두려워합니다. 에스퀴스 선생님이 가르치는 56호 교실에서는 정해진 교과목과 늘 하던 형식대로 수업을 진행하지 않습니다. 좌충우돌 몸으로 부딪히며 더 효과적인 방법, 더 새로운 형식의 수업을 추구합니다. 그 결과 56호 교실은 행복한 웃음이 넘치는 곳, 친구들을 제2의 가족으로 여기는 곳이 되었습니다.

 게임을 하면서 수학의 즐거움을 깨닫는다? 체육 시간에 참여하지 못하는 것이 가장 두렵다? 수학은 교실에 앉아서 공부하고 체육은 운동장에서 그냥 재미있게 뛰어다니기만 하면 된다고 생각했던 저에게 이 이야기는 매우 충격이었습니다. 수학시간에 배운 내용을 게임으로 다시 복습하고, 과학시간에 배운 내용을 게임으로 이해하는 과정은 수업목표를 달성하는 데에 매우 효과적이라는 생각이 들었습니다. 이를 반영한 것이 바로 이 책에 수록된 수학, 미술, 실과(코딩), 음악 교과와 통합하여 운영할 수 있는 교과융합형 체육놀이입니다.

 두 번째 사건은 '교실체육'의 멘토라고 할 수 있는 슈더랜드 (Charmain Sutherland)의 책을 만난 것입니다. 2010년 경 읽은 『NO

GYM, NO PROBLEM』은 비나 눈이 오고 미세먼지가 심한 날에도 언제든지 교실에서 게임이 가능하다는 내용의 책이었습니다. 교실에서 체육을 한다는 것이 가능할까? 라고 생각했지만 이상하게도 호기심을 가지게 되었고 이 책에서 소개하는 게임을 번역하여 체육과 교수, 체육을 공부한 초등교사, 그리고 대학원생들과 공유해 보았습니다. 그들의 대답은 하나같이 '체육을 교실에서 한다고? 이게 말이 되는 이야기야?', '혁주야, 이건 불가능해', '체육은 운동장에서 뛰면서 땀을 흘리는 거야'라는 부정적인 대답들이었습니다. 하지만 포기하고 싶지 않은 마음에 이끌려 인디스쿨(초등교사 커뮤니티)에 몇 가지를 올려보았습니다. 예상과 달리 반응은 매우 폭발적이었습니다. 조회 수가 1만 5천 회 가까이 되고 자료 요청에 대한 댓글만 300건이 넘었습니다. 모두 번역해서 인디스쿨에 올려야겠다고 생각하고 그 책을 번역하는 데 모든 열정을 쏟았습니다. 하지만 저작권에 관한 문제로 번역한 것을 공유해서도, 번역서를 출간할 수도 없다는 사실을 알게 되었습니다. 허무한 마음에 무기력한 일주일을 보내고 고민한 끝에 내린 결론은 '내가 만들어서 직접 책을 출간해야겠다!'였습니다. 마침 교육대학에 강의를 나가던 시기였기에 교대 학생들과 함께 교실체육을 만들기 시작했습니다. 교대 학생들과 함께 게임을 만들고 실제로 실행해보고 토의를 하면서 '교실체육'이라는 책이 세상에 나오게 되었습니다.

체육수업은 인지, 심동, 정의 세 가지 영역을 고루 발달할 수 있는 유일한 교과입니다. 운동장에서 아이들이 맘껏 뛰놀며 땀을 흘리는 것은 체육의 기본 철학입니다. 그러나 최근 초등현장에서는 운동장 체육이 힘들어진 것이 사실입니다. 학급 수에 비해 비좁은 운동장, 비나 눈 또는 미세먼지 등으로 인한 야외 활동 제약 등이 그 이유입니다. 이럴 때 활용할 수 있는 것이 바로 실내 체육놀이입니다. 교실이나 체육관을 활용하여 실내 체육놀이를 즐길 수 있기에 학생들은 언제 어디서나 즐거운 체육놀이에 참여할 수 있습니다. 그리고 이러한 실내 체육놀이를 통해 선생님들께서는 학생들과 더욱 친밀한 관계를 형성할 수 있습니다.

아이들은 재미있는 수업활동을 통해 학교에 오는 것을 더욱 좋아하게 되고 선생님에 대해 긍정적인 신뢰가 쌓이게 될 것입니다. 실내 체육놀이를 진행함으로써 학생들의 사랑스런 눈빛을 볼 수 있게 되고 선생님 스스로 교사로서의 자부심과 기쁨을 느끼리라 자신합니다.

이 책은 총 3부로 구성되어 있습니다. 1부는 초등 체육의 필요성과 초등 체육과 교육과정에서 소개하는 내용 그리고 실내 체육놀이에 대한 전반적인 이론을 소개하고 있으며, 2부는 실내에서 할 수 있는 체육놀이들 3부는 줄넘기, 코딩체육으로 구성하여 초등학교 현장에서 꼭 필요한 실내 체육놀이가 수록되었습니다.

모쪼록 이 책이 선생님이 체육 수업에 대한 고민을 덜어내시는 데 마중물이 되길 바라며 선생님과 아이들이 더 행복한 학교생활을 할 수 있길 기원합니다.

마지막으로 '실내광체' 연수를 기획해주신 원제연 과장님, 교재가 출판될 수 있도록 열과 성을 다해주신 장인영 대리님 그리고 교재 검토에 도움을 준 임문광, 김영석 선생님, 마지막으로 교재 사진 촬영에 참여한 사랑하는 딸 엄지온과 아들 엄주호에게 감사의 마음을 전합니다.

2018년 12월

엄혁주

Class One

Physical Education

고정관념을
바꾸는
체육수업

체육수업 WHY,
왜 해야 할까

교사의 행복

체육과 교사의 행복은 어떤 관련이 있을까요? 쉽게 떠오르지 않는다면 다음의 사진을 한번 봐주세요.

마더테레사 수녀와 가수 션의 사진입니다. 이 두 사람의 공통점이 있습니다. 혹시 어떤 공통점인지 찾으셨나요?

마더테레사 수녀는 죽는 그 순간까지 약한 자와 어려운 이웃을 도우려고 노력한 분입니다. 어느 날 기자가 수녀님께 물었습니다. "수녀님은 연세가 많으셔서 봉사를 하시는데 힘이 들 것 같은데 어디서 그런 힘이 나오시나요?"라고 묻자 마더 테레사는 대답했습니다. "저는 다른 사람을 돕다보면 저도 모르는 엄청난 힘이 나와요. 누군가를 도우려는 행동이 그 사람에게 오히려 삶의 원동력이 되고 행복이 되는 것 같습니다"

가수 션의 경우도 마찬가지입니다. 기부를 하다 보니 오히려 자신에게 기쁨으로 다가와 더 많은 기부를 하게 되었고 그 속에서 행복을 느끼고 신기하게도 경제적으로 더 여유로워졌다고 합니다. 선생님들의 경우 학교에서 어떤 경우에 행복을 느끼시나요? 아마도 대부분의 선생님들은 수업시간에 초롱초롱한 눈빛으로 선생님의 말에 귀 기울이고 환한 미소로 열심히 수업에 참여하는 아이들을 보면 저절로 힘이 나고 행복할 것입니다.

체육시간, 놀이시간 및 우천 시 교실체육 등 수시로 아이들에게 체육놀이를 적용하면 재미있는 수업을 많이 해주는 선생님으로 인기가 쑥쑥 올라가기도 합니다. 아이들이 "왜 이렇게 1주일이 빨리 지나 가냐"며 주말이 오는 걸 아쉬워하기도 하고요. 그런데 잘 생각해보면 교

마더테레사와 가수 션

사의 이러한 행복은 상호작용이 있습니다. 마더 테레사 수녀와 가수 션 그리고 선생님들은 누군가에게 도움을 주면서 서로가 행복하고 즐거워합니다. 다시 말해 선생님도 행복하지만 즐거운 수업을 통해 학생들과 행복한 학교생활을 하는 것입니다.

학교에서 즐겁고 행복했던 순간을 겪은 아이들은 집에 가서 가장 먼저 부모님께 그 사실을 알리고 싶어 합니다. 기쁨에 가득 찬 얼굴로 학교에서 즐거웠던 수업 시간을 이야기하는 아이의 모습을 통해 부모는 행복을 느끼게 되고, 이러한 과정을 통해 학생, 학부모 그리고 교사는 자연스럽게 서로간의 신뢰가 쌓이게 될 것입니다.

새로운 체육수업 패러다임-학생중심 체육놀이

초등 선생님들에게 체육수업은 가르치기 쉽지 않은 교과임엔 틀림없습니다. 저도 운동 기능이 뛰어난 편이 아니기 때문에 초임시절 비슷한 고민을 항상 했었습니다. 그런데 아이들과 함께 체육수업을 하다 보니 다른 생각을 하게 되었습니다. 초등 선생님들이 체육수업을 어려워하거나 기피하는 것이 아니라 그 동안의 체육수업 방법에 문제가 있었던 것은 아닐까 하고 말입니다.

첫째, 체육수업 시작에 있어 준비운동 방법을 생각해 보겠습니다.

먼저 많은 선생님들께 준비운동에 대해 떠오르는 데로 생각을 이야기해 보라고 하면 대부분이 '운동장 2바퀴', 그리고 '국민체조'를 말합니다. 운동장 2바퀴를 의무적으로 뛰고 바로 이어서 국민체조를 하는데 이 또한 스트레칭 동작을 한다기보다는 형식적으로 팔, 다리, 몸을 움직입니다. 학생들은 준비운동이라는 요식행위(?)에서부터 거부감을 갖기 시작합니다.

준비운동은 본 운동을 위해 필요한 근육을 웜업(warm up)시켜 줌으로서 부상 방지, 가동범위 확대 등의 효과가 있습니다. 그러나 체육수업의 흐름을 보면 형식적인 준비운동이 끝나고 아이들을 앉게 한 후 동기유발, 학습목표, 학습활동에 대해 선생님이 설명을 이어 갑니다. 5분 정도의 시간동안 웜업 되었던 근육은 다시 쿨다운(cool down)되어 준비운동의 효과가 사라지게 됩니다. 이처럼 기존의 체육수업에서 이루어지던 준비운동은 새로운 준비운동의 패턴으로 이루어져야 합니다. 새로운 준비운동은 즐거운 놀이 형식의 게임으로 구성하여 진행하되 도입의 과정을 먼저 한 후 본 운동 바로 직전에 이루어져서 웜업이 된 상태에서 바로 본 운동으로 이어져야 할 것입니다.

둘째, 기존의 체육수업이 스포츠 기능 발달에만 초점을 맞추고 있다 보니 접근하는데 어려움이 있었습니다. 운동기능 발달을 위한 체육수업은 전문 체육인이 아닌 초등교사에게 있어서 수업을 기피하게 되고 어려운 과목으로 인식되도록 했습니다. 이렇게 된 이유에는 기존의 체육수업이 초등학생의 특징에 대한 이해 없이 중등체육의 관점에서 체육수업을 바라보았기 때문입니다. 초등 체육과 교육과정(교육부, 2015)에서는 초등 체육의 목표를 "신체활동의 기본 및 기초 교육"이라고 명시하고 있습니다. 이러한 목표 달성을 위해서는 스포츠 기능이 아닌 단순한 게임과 놀이가 접목된 신체활동이 필요합니다. 즉 놀이 중심의 체육 수업이 이루어져야 초등체육에 적합하다고 할 수 있습니다.

셋째, 비가 오고 눈이 오면 체육수업은 하지 못하는 활동으로 인식되었습니다. 도서 『교실체육(엄혁주, 2015)』라는 책이 국내에 처음 소개된 이후 교실체육에 대한 인식 전환이 많이 이루어졌습니다. 그러나 그 이전만 하더라도 교실체육하면 이론수업, 보건수업, 자습 또는 영화시청 등으로 생각했습니다. 아마도 당시엔 날씨와 기후에 대한 대처방법에 대해 고려하지 않았던 것 같습니다. 물론 교실체육이 전부가되어서는 안 될 것입니다. 미세먼지가 심한 날, 비나 눈으로 운동장이나 체육관을 사용할 수 없는 날, 다양한 시청각 자료와 토의를 포함한체육수업이 필요한 날 등 수업목표와 목적에 맞게 이루어져야 합니다.

이러한 상황에서도 체육수업은 오래 전부터 초등학생이 가장 좋아하고 기다리는 시간이었습니다. 아이들은 체육시간을 왜 그리도 기다릴까요. 흔히 기다림의 이유를 아이들이 교실에서 벗어나 뛰어노는 그자체로 좋아한다고 생각했습니다. 그러나 전인발달의 측면에서 체육수업을 바라보면 단지 뛰어노는 것뿐만 아니라 아이들 마음속에 여러가지 욕구들의 분출을 기대하고자 했던 것 같습니다.

우리 아이들은 운동선수가 되고 싶어서 체육을 좋아하는 것이 아니라 본능적으로 내적인 욕구를 분출하고 싶었기 때문에 체육수업을 좋아하는 것입니다. 따라서 운동발달의 어려운 이론은 잠시 접어두고 '뛰어 놂'의 체육수업이 Pangrazi와 Beighle(2013)가 주장한 초등학생의 심리 욕구와 어떤 관련이 있고 뇌발달 측면에서 어떻게 바라보아야 하는지 이해하는 것은 체육수업에 좀 더 편하게 다가가는 출발점이 될 것입니다.

초등학생의 심리적 욕구[1]

(1) 움직임의 욕구

움직이고자 하는 욕구는 아동에게 나타나는 전형적인 욕구입니다. 아이들이 하교하는 모습은 본 적이 있나요? 학교가 끝나고 집으로 돌아가는 아이들을 보면 어른들처럼 길을 따라 천천히 걸어가는 것이 아니라 난간에 오르기도 하고 언덕을 올랐다가 내려오기도 하고 달리기도 하면서 금방 도착할 거리를 돌고 돌아 걸어가기도 합니다. 성인의 관점에서 바라보면 정말 답답하고 이해가 안 될 수 있는 행동입니다.

---

[1] 이 내용은 Pangrazi와 Beighle(2013)이 집필한 'Dynamic physical education for elementary school children'의 내용 중 일부를 발췌하여 수정하였다.

그러나 아이들에게 움직임은 삶의 본질이 됩니다.

만약 수업시간에 가만히 앉아서 공부만하고 쉬는 시간에도 뛰어놀지 않고 가만히 책상에 앉아 있는 학생을 본다면 선생님은 무슨 문제가 있거나 '너무 움직임이 없어서 걱정이다'라고 생각할 것입니다. 아이들은 다칠까봐, 고장날까봐, 물건이 부서질까봐 걱정하며 움직이지 않고 자기도 모르게 그냥 움직이는 것입니다.

(2) 성취지향의 욕구

아이들은 무엇인가를 성취하고 싶어 하고 인정받기를 원합니다. 초등 저학년 아이들에게 콩 주머니를 위로 던져서 잡으라고 하면 "선생님, 나 보세요. 나 이거 잘해요. 한번 보세요."라고 이야기 합니다. 이처럼 아이들은 교사가 그들의 수행과정을 지켜보는 것을 좋아합니다. 하지만 그들의 수행에 대해 선생님이 비판적이거나 못마땅하게 여기면 곧 주눅이 듭니다. 따라서 아이들에게 성장과 발달을 촉진하기 위해 격려와 긍정적인 피드백을 제공하는 것이 중요합니다.

(3) 긍정적인 의사소통의 욕구

동료와 원만한 의사소통을 하고자 하는 것은 모든 인간의 기본 심리적 욕구입니다. 특히 아이들은 다른 사람이 자신을 받아들이고, 존중하며, 좋아해 주기를 바랍니다. 이것이 부족하면 애착불안을 쉽게 느끼기도 합니다. 따라서 학생에게 체육은 물론 전반적인 학교 환경에서 또래 간의 수용능력을 가르치고 격려해야 합니다.

(4) 경쟁의 욕구

요즘 경쟁이라는 용어가 부정적으로 사용되는 예가 많습니다. 교육에서 경쟁이라는 개념이 나오면 잘못된 것처럼 인식하고 숨기려합니다. 그러나 경쟁 속에서 배우는 기회조차 없다면 아이들의 마음 밭이 단단해지는 것은 어렵습니다.

아이들은 협동과 협력을 통한 긍정적인 경쟁 속에서 지기도하고 이기기도 하고 상처도 받으며 성장하기 때문입니다. 따라서 체육놀이에서 팀을 구성하여 서로 협력하고 공헌하는 능력을 배우는 것은 필연적인 과정이 됩니다. 사람들이 협조하지 않거나 규칙을 따르지 않기로 결정하면 경쟁이 불가능하므로 경쟁의 경험 이전에 협력을 가르칠 필요가 있습니다. 아이들이 팀원 중의 하나가 되는 것은 동료 간의 경쟁에서 얻을 수 있는 최고의 행복이기 때문입니다.

체육수업과 뇌 발달과의 관계[2]

1990년대의 뇌와 관련된 연구들은 뇌 손상이나 질병 등에 초점을 맞추고 있었기 때문에 교수·학습이나 운동과는 별 상관이 없었던 것이 사실입니다. 그러나 운동을 통해 뇌는 학습과 기억을 향상하게 된다는 연구결과가 나오면서부터 뇌에 관한 연구가 상당히 많이 진척되면서 교육학이나 체육학에도 주요한 영향을 미치게 되었습니다. 신체활동은 뇌로의 혈액 공급을 원활하게 해 줄 뿐만 아니라(Scholey, Moss, Neave, & Wesnes, 1999), 회백질(grey matter)과 신경세포 수를 증가시키고 인지 처리와 감정을 조절하는 능력을 향상시킨다는 사실이 입증된 것입니다. 하버드 의과대학의 존 레이티와 에릭 헤이그먼(2008) 연구진들은 신체활동의 효과를 다음과 같이 주장하였습니다.

누구나 운동을 하면 기분이 좋아진다는 사실을 알지만 도대체 왜 그런지를 아는 사람은 별로 없다. 그저 스트레스가 사라져서 혹은 뭉친 근육이 풀어지거나 엔도르핀 수치가 높아져서 그럴 것이라고 짐작할 뿐이다. 하지만 유쾌한 기분이 드는 진정한 이유는 운동을 해서 혈액을 뇌에 공급해주면 뇌가 최적의 상태가 되기 때문이다.

이상헌 옮김(2009). 『운동화 신은 뇌』의 내용 중에서

2 이 내용은 엄혁주(2015)의 '교실체육'의 내용 중 일부를 발췌하여 수정하였다.

(1) 생존반사와 뇌와의 관계

뇌는 운동을 통해 더욱 발달합니다. 예를 들어 정확한 신체활동을 위해 뇌가 발달하고 이렇게 발달된 뇌는 몸에 더욱 복잡하고 효율적인 움직임을 가능하도록 해줍니다. 세상에 태어나면서부터 아기들은 하나의 생명체로 살아 움직이는데 이러한 움직임의 강도와 민첩성 발달을 위해 끊임없이 반사작용을 합니다. 반사는 생존에 필요하고 지속적으로 유지되는 생존 반사(호흡반사, 눈 깜빡이기 반사, 동공 반사, 입술 내밀기 반사, 빨기 반사 등)와 일정 기간이 지나면 사라지는 원시 반사(바빈스키 반사, 모로 반사, 잡기 반사, 보행 반사 등)로 나뉘게 됩니다. 이러한 반사 작용을 통해 아기들의 신경은 발달하게 되고 이렇게 발달된 신경은 뇌를 자극하여 뇌도 함께 발달하고 성장합니다.

(2) 체육놀이와 뇌 발달의 관계

수십여 년 전만 해도 인간의 뇌 신경세포는 한 번 손상으로 재생이나 회복이 불가능한 것으로 알려져 왔습니다. 그러나 최근 뇌 과학계는 운동이 뇌에 미치는 강력하고 결정적인 메커니즘, 즉 운동이 직접 새로운 뇌세포를 만들어내어 뇌 기능을 높인다는 사실을 입증하였습니다. 생성된 신경세포가 살아남게 하려면 풍요로운 환경을 만들어 자극을 주어야 하는데, 이러한 자극 즉 운동이 신경세포의 생성을 촉진할 뿐 아니라, 새로 태어난 신경세포가 소멸하지 않고 성장하도록 돕는다는 것입니다.

뇌세포 성장인자 BDNF(brain-derived neurotrophic factor)

뇌세포를 만들어내는 공장이라 할 수 있는 BDNF(brain-derived neurotrophic factor)는 '뇌세포 성장인자'라고 불립니다. BDNF는 뇌세포의 성장과 건강유지를 돕고 스트레스로부터 뇌세포를 지켜주며, 자체적으로 항 우울제, 항불안제의 역할을 합니다. 따라서 BDNF를 기적의 성장인자라고 부르는데, 이 BDNF를 증가시키는데 가장 좋은 방법이 운동이므로 학교에서 아이들에게 꾸준한 체육놀이는 뇌발달의 영양분이 된다고 할 수 있습니다.

두뇌 혈류량의 증가

운동을 하면 뇌의 혈류량이 증가합니다. 뇌의 혈류량이 증가한다는 것은 뇌에 공급되는 영양과 산소량이 늘어난다는 것을 의미합니다. 따라서 뇌의 혈류량이 증가하면 학습능력 향상에 효과적입니다. 존 레이티 교수는 "운동을 하는 진정한 목적은 뇌의 구조를 개선하는 것이며 운동은 집중력과 침착성을 높이고 충동성을 낮춰준다."라고 강조하였습니다. 그밖에 다양한 연구에서 운동이 뇌 혈류량을 변화시킨다는 결과를 발표하였습니다. 그 결과 평소와 같이 아침에 자율학습을 계속한 반은 뇌 혈류량에 변화가 없었으나 영상 체조 반은 약간의 변화를 보였고, '0교시 체육수업'을 실시한 반에서는 아래 사진과 같이 두드러진 뇌혈류량 증가를 보였습니다.

양은우, 2016

그림 1. 운동 전

그림 2. 운동 후

심리적 안정감의 생성

신인섭 교수(서울대 신경정신과: 학생들의 운동 전·후 지적 능력 및 인성테스트 담당)가 실시한 '0교시 체육수업'프로젝트에 따르면 "학습이 잘 이루어지기 위해서는 스트레스를 덜 받고 즐겁게 공부할 수 있는 환경을 만들어 주어야 하는데, 실험을 통해 운동반의 정서적 안정성이 현저히 높아진 것을 확인할 수 있었다."고 합니다. 신 교수의 연구결과를 토대로 학습과 운동이 병행하는 체육놀이는 학생의 심리적 안정에도 도움을 줄 것이라는 것을 예측해 볼 수 있습니다.

주의력과 집중력 및 학업 성적의 향상

'0교시 체육' 프로그램을 진행하면서 학습, 심리 전문가와 함께 학생들의 운동 프로그램 시작 전과 후의 지적 능력을 검사하고 그 변화를 비교 분석하였습니다. 그 결과 세 그룹 중 운동반이 인지적 능력에서 가장 효과가 있었으며, 주의력과 기억력이 동시에 상승한 학생이 가장 많은 것으로 나타났습니다. 주의력과 기억력 상승은 학업성적 향상에도 도움을 주어 국·영·수 등 주요 과목의 성적을 비교한 결과, 운동 반 학생의 77%가 전년도에 비해 성적이 향상된 것으로 나타났습니다.

(3) 운동과 뇌 발달의 최신의 연구 결과

그 동안 학교 교육에서 성적을 올리기 위해서는 운동도 하지 않고 놀지도 않고 하루 종일 책상에 앉아 공부를 해야만 한다고 생각해왔습니다. 이러한 발상은 신체활동이 두뇌 활동과 관련이 없다고 생각했기 때문입니다. 그러나 최근에는 이런 생각들에 많은 변화가 이루어지기 시작했습니다. 이 변화는 최근에 연구결과들에서도 속속 밝혀지고 있습니다.

뇌의 백질과 신체활동의 연관성

2014년 8월 국제 학술지인 '인간 신경과학의 선구자'(Frontiers in Human Neuroscience)에서 발표된 로라 체덕 헤이먼(Laura Chaddock-Heyman, 2014)인 미국 일리노이 대학교 (University of Illinois) 심리학과 교수의 연구에 따르면, 신체 운동이 두뇌 활동 개선에 도움이 된다고 합니다.

연구 모둠은 9~10세 어린이를 대상으로 뇌의 백질과 신체활동의 연관성을 연구한 결과, 신체활동을 한 아이는 그렇지 않은 아이보다 '백질'을 더 많이 가지고 있는 것으로 나타났습니다. 백질은 회백질 사이를 연결하는 신경섬유로 정보를 전달하는 역할하며, 주의집중력과 기억력 그리고 두뇌 조직 간 연결이 활발하게 이루어지도록 도움을 줍니다. 기존의 연구들이 해마 등 뇌 특정 부분의 크기가 신체운동에 의해 어느 정도 영향을 받느냐에 초점을 맞추고 있었다면 이번 연구는 백질을 통한 뇌의 발달에 초점을 두었습니다. 따라서 운동을 통해 건강해지면 백질을 통한 두뇌 속 신경 신호 전달 활동이 더 활발해진다는 것을 밝혀낸 것입니다. 결국 신체운동이 아이들의 뇌 활동과 학습력에 중요한 영향을 미친다는 것을 입증한 것입니다.

결국 백질의 차이가 뇌의 인지능력의 차이를 가져오고, 이것은 학교 교육과정에서 체육 수업을 줄이거나 없앰으로써 학생들이 학교에서 대부분의 시간을 책상 앞에 앉아서 수업을 받고 있는 현실에 경각심을 주는 결과입니다. 의자에 앉아서 공부만 한다고 해서 학업성취의 효율이 오르진 않습니다. 오히려 적절한 신체활동을 통해 뇌가 활성화 되도록 도와주는 것이 중요합니다. 이처럼 학생들이 체육시간 만큼이라도 신체활동에 적극적 참여하도록 하고, 학교수업에서 다른 과목으로 대체하거나 시간을 감소해서는 안 될 것입니다.

뇌 건강을 지키는 유산소운동

신체활동은 뇌 발달과 함께 뇌 건강도 지켜줍니다. 뇌 발달과 뇌 건강은 어찌 보면 비슷한 말이라고 생각할 수도 있지만 이것은 우리 몸의 근육이 발달하는 것과 우리 몸이 건강한 것이 다르다는 것과 비슷한 맥락입니다.

2014년 1월 '노화신경학'(Neurobiology of aging) 학술지에 발표된 클로틴 고티에(C. J. Gautier, 2015) 캐나다 몬트리올 대학교(Université de Montréal) 교수 팀은 신체와 정신이 건강한 18~30세 성인 31명과 55~75세의 노인 54명에게 강도 높은 운동을 하게하고 30초간 최대산소흡입량을 측정하였습니다. 이와 더불어 스트루프 검사(Stroop test)라는 인지기능 테스트를 시행하였습니다.

클로틴 고티에 교수팀의 수정된 스트루프 과제 검사

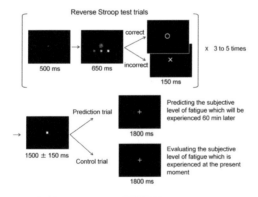

연구 팀은 스트루프 검사를 시행하는 과정에서 MRI검사를 통해 뇌의 혈류량과 뇌 활동을 측정하였습니다. 이와 함께 심장에서 펌프질을 통해 온몸으로 혈액을 내보내는 대동맥의 두께도 함께 측정했습니다. 검사는 성인 그룹과 노인 그룹만이 아니라, 같은 그룹 내에서도 비교분석을 진행하여, 대동맥 건강과 뇌의 기능 및 운동과 뇌의 기능 사이에는 연관이 있다는 결과를 도출했습니다. 그리고 나이를 먹을수록 대동맥의 탄력성과 뇌 기능은 저하된다는 사실을 밝혀냈습니다. 다시 말해 운동을 통해 두뇌 건강을 유지하고 노화를 방지하는데 도움을 준다는 것을 말합니다.

동맥은 나이가 들면서 점차 굳어지는 혈관경화는 대동맥에서 시작되는데, 대동맥 경화는 뇌에 대한 혈액공급에 영향을 미쳐 인지기능에도 변화를 가져옵니다. 이와 반대로 대동맥의 경화를 막으면 인지기능의 변화 속도를 감소하게 하는데, 이를 위한 최고의 방법이 바로 운동입니다.

뇌혈관저항(CVR) 과 최대 심박 수 관련 뇌 촬영

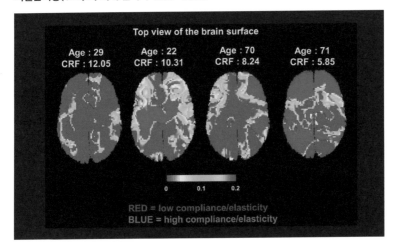

대동맥 건강, 심폐 체력 그리고 뇌 기능 관련성의 개념적 프레임

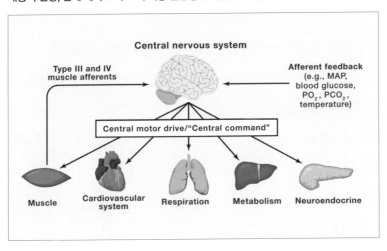

체육수업 WHAT, 무엇을 해야 할까

체육놀이인가? 놀이 체육인가?

앞서 이야기했듯이 체육수업은 운동기능의 발달이라는 순기능도 있지만 많은 부작용도 있습니다. 특히 초등에서는 과연 이러한 방향이 맞는지 의문이 들 정도입니다. 의문의 답은 사실 초등 체육과 교육과정에 있습니다.

초등체육은 '신체활동의 기초 및 기본 운동기능'을 강조하여 스포츠 기능 발달이 아닌 놀이나 게임 형태의 움직임 발달에 초점을 두도록 제시하고 있습니다. 즉 체육수업 이라는 기저에 있어서 놀이중심의 체육수업을 한다는 개념으로 체육놀이로 정의 내릴 수 있습니다. 체육이 주가 되고 놀이는 도구로서의 역할을 하는 것입니다.

흔히 놀이 체육이라는 표현을 쓰기도 하지만 이는 정확한 용어라

할 수 없습니다. 장소가 달라짐으로 인해 체육수업의 변형이 이루어지는 경우 "장소+활동"으로 사용됩니다. 교실에서 체육수업이 이루어지면 '교실체육', 운동장에서는 '운동장체육', 실내에서는 '실내체육'이라고 하지 '체육교실', '체육운동장'이라는 표현은 적절하지 않습니다. '교실체육'은 교실이라는 장소에서 이루어지는 체육수업의 개념을 갖고 있습니다.

반면 장소가 아닌 "활동+활동"의 용어가 합쳐지는 경우에 어느 행위가 주(主)가 되느냐에 따라 앞과 뒤가 달라집니다. '놀이'라는 활동과 '체육'이라는 활동의 합성어의 경우 '놀이'가 주가 되는 경우에는 '놀이체육'이 적합하지만 학교에서 행해지는 체육수업은 다른 교과나 활동으로 대체할 수 있는 것이 아닌 국가교육과정에서 요구하는 중요 수업이 됩니다. 따라서 체육의 활동을 하는데 여러 가지 방법이나 다양한 활동을 하는데 있어서는 부수적인 활동이 앞에 오는 것이 아니라 '체육'이 앞에 나오게 됩니다. 다시 말해 체육수업을 하는데 있어서 다양한 방법과 활동들 중에서 놀이를 중심으로 한다면 '체육놀이'의 용어가 적합합니다.

결국 '체육놀이'는 체육수업을 위해 놀이 중심으로 행해진다는 것을 의미합니다. 체육이 아닌 종목의 경우도 같습니다. 농구를 하는데 놀이 중심으로 수업이 진행된다면 '농구놀이'이지 '놀이농구'가 될 수 없습니다. '농구놀이'는 농구를 놀이 중심으로 한다는 것을 의미하지만 '놀이농구'는 놀이 속에 포함된 농구로서 주객이 전도되는 것입니다.

체육수업에서 놀이는 그 자체가 목표가 아니고, 수업목표에 도달하기 위한 수단적인 요소임을 명심해야 합니다.

이처럼 아이들에게 즐거운 시간을 만들어주기 위해 놀이를 수업시간에 할 경우 창체 시간을 활용해서 레크리에이션의 개념으로 진행하는 경우가 있습니다. 그러나 주가 되는 체육수업을 다른 것으로 대체할 수 없는 것처럼 체육놀이는 수업 그 자체라고 할 수 있습니다. 초등 체육과 교육과정에서는 구체적으로 수업시간에 아이들에게 무엇을 가르쳐야 하는지 제시하고 있습니다. 무엇을 가르쳐야 하는지 아는 것은 수업 계획의 첫 단추인 만큼 꼭 알고 넘어가야 할 것입니다.

초등 체육과 교육과정 [3]

교사는 수업 준비를 위해 '무엇을', '어떻게' 가르쳐야 하는지에 대한 고민이 있습니다. 가장 쉬운 방법은 교과서 그대로 읽어 나가는 것이지만 체육수업은 교과서대로 가르치는 것도 쉽지 않습니다.

초등 체육과 교육과정에서는 기본적으로 학생들에게 무엇을 어떻게 가르쳐야 하는지 방향을 알려주고 있습니다. 그럼에도 불구하고 체

---

3 이 내용은 고문수 외 3인(2018)의 '초등체육교육론'의 내용과 교육부(2015)의 '초등학교 교육과정'의 내용 중 일부를 발췌하여 수정하였다.

육시간을 생각하면 '무엇'을 어떻게 가르쳐야 할지에 대한 고민이 무색하게 '피구', '축구' 일변도의 아나공 수업이 주를 이루었습니다. 이는 그냥 재밌게 놀면 그만이라는 생각에서 출발합니다. 즉 체육수업을 '무엇'에 초점을 맞추었으며 그 '무엇'은 늘 심동적 영역에 해당하는 놀이, 게임, 운동, 스포츠 활동에 편중되어 있었습니다. 그 결과 학생들에게 체육수업 시간은 '노는 시간', '공부하지 않는 시간', '스트레스를 푸는 시간'등으로 여겨졌습니다. 심동적 영역에 치우진 체육교육은 체육교과가 목표로 하는 체·지·덕이 조화로운 전인 교육에 실패하는 원인이 되고 있습니다.

교육과정에서는 '무엇을 가르칠 것인지'에 대한 답을 찾을 수 있을 뿐만 아니라 체육교육의 목적과 내용, 교수-학습 방법과 평가까지 수업을 위해 알아야 할 모든 영역의 내용을 확인할 수 있습니다. 무엇보다 국가수준의 교육과정을 운영하는 우리나라의 교육 특성상 교육과정의 내용을 이해하는 것을 가장 선행되어야 합니다.

(1) 체육과의 성격

체육과는 '신체활동'을 통해 체력 및 운동 능력을 비롯한 건강하고 활기찬 삶에 필요한 능력을 기르고 사회 속에서 바람직한 인성을 발휘함으로써 자신의 삶을 개척하고 체육 문화를 창조적으로 계승·발전시킬 수 있는 자질을 함양하는 교과이다.

체육과의 역량은 신체활동을 체험하고 그 가치를 내면화하는 과정을 통해 습득되는 지식, 기능, 태도를 포괄하는 총체적 능력이며, 신체 움직임을 바탕으로 형성되는 건강관리 능력, 신체 수련 능력, 경기 수행 능력, 신체 표현 능력으로 구성된다. 이러한 역량을 기를 수 있도록 체육과 내용은 건강, 도전, 경쟁, 표현, 안전 영역으로 구성된다.

체육과는 신체활동 통해 건강과 바람직한 인성을 길러 자신의 삶을 주도적으로 개척하는 능력을 기르는데 도움을 주며, 나아가서는 학생들이 체육 문화에 입문할 수 있도록 돕는 교과임을 밝히고 있습니다. 또한 건강관리 능력, 신체 수련 능력, 경기 수행 능력, 신체 표현 능력의 4가지 교과 역량과 건강, 도전, 경쟁, 표현, 안전의 5개 영역으로 구성되어 있음을 밝히고 있습니다.

(2) 체육과의 본질

신체활동은 '체육'을 타 교과와 구별 지을 수 있는 가장 핵심적인 요소이다. 체육과에서는 신체활동을 교육의 본질이자 교육의 도구로서 활용한다. 모든 교과는 각 교과의 교육적 도구를 활용하여 교과의 탐구 대상을 분석함으로써 서로 다른 방식으로 우리 주변의 세계를 알아가도록 한다. 체육과는 교과의 핵심 본질이자 도구인 '신체활동'을 통해 학생들이 세상을 이해할 수 있도록 돕는다.

체육과의 본질을 '신체활동'으로 규정하고 있습니다. 그러나 이것이 운동 기능 및 기술의 습득의 심동적 영역을 강조하는 것이 아닙니다. 신체활동을 통해 다양한 경험을 하며 그 속에 내재되어 있는 교육적 가치를 배우는 것입니다. 신체활동과 관련된 지식뿐만 아니라 팀워크, 협동심 등의 정의적 영역도 지도되어야 할 내용으로 각각의 영역이 별개가 아니라 총체적으로 융합된 신체활동 지식(physical activity knowledge)을 학습하는 것입니다.

(3) 체육과의 역량

신체활동에 내재되어 있는 다양한 교육적 가치 요소로는 체력 향상 및 운동 기능의 향상의 심동적 영역뿐만 아니라 전략과 전술, 규칙 및 매너에 대한 이해의 인지적 영역과 정직, 배려, 협동 등의 개인적이고 사회적인 덕목의 정의적 영역을 모두 의미합니다. 이러한 총체적인 경험을 통해 신체활동이 주는 가치를 내면화 하는 과정 속에서 체육교과의 역량을 함양할 수 있으며 이는 궁극적으로 신체 활동 문화를 계승하는 통로가 될 수 있습니다. 이에 체육과에서는 〈표 1〉과 같이 4가지 역량을 강조하고 있습니다.

(4) 체육과의 영역

2015개정 초등 체육과 교육과정에서는 5개 영역으로 나뉘어져 있는데 2009개정 교육과정 과 다르게 여가영역이 건강영역으로 포함되고 안전영역이 새로 신설되었습니다.

표. 체육 교과 역량의 의미

교과 역량 요소	의미
건강관리 능력	신체 건강과 체력 증진, 여가 선용 등의 건강한 생활 습관 형성을 도모하고, 건전한 사회와 안전한 환경을 구성, 유지할 수 있는 합리적 사고와 태도를 배양할 수 있는 능력
신체 수련 능력	자신의 신체적 수준을 이해하고 받아들이면서도 지속적이고 적극적인 신체 수련 노력을 통해 새로운 목표를 달성할 수 있는 능력
경기 수행 능력	게임, 스포츠 등 유희적 본능을 바탕으로 하는 경쟁 상황에서 적합한 전략과 기능을 발휘하여 개인 혹은 공동의 목표 달성을 위해 상호 작용할 수 있는 능력
신체 표현 능력	신체와 움직임을 매개로 하여 생각과 느낌을 표현하고 수용하는 능력

'건강'은 개인의 생명과 안전의 확보로 활기차고 에너지 넘치는 삶을 추구하는 데 밑거름이 되며, 사회가 온전히 유지되고 발전할 수 있는 가장 기본적인 조건이고 가치이다. 건강 영역은 신체의 성장과 발달, 신체활동과 생활 습관, 체력의 증진과 유지, 생활 속에서의 위생, 질병, 영양, 신체적 여가 활동 등과 관련된 건강을 이해하고, 건강을 자기 주도적으로 실천, 관리하는 능력과 태도를 기를 수 있는 영역이다.

'도전'은 자신의 신체적 수준에 대한 이해를 바탕으로 새로운 목표를 이루기 위해 노력하고 성장하는 가치이다. 도전 영역은 적극적이고 지속적인 수련을 통해 자신이나 타인의 기량, 기록 등의 한계를 극복하고 신체적 수월성을 추구하는 신체활동에서의 도전의 태도를 기를 수 있는 영역이다. 이 영역은 합리적인 목표를 설정하고 성취에 이르기까지 신체의 단련 및 정신적 수양을 끈기 있게 지속하여 한계에 능동적으로 대응하는 진취적 태도를 기르도록 구성된다.

'경쟁'은 개인이나 집단 간의 능력을 서로 겨루는 상황에서도 서로 협력하며 상대를 배려하고 정정당당하게 경기에 임하는 가치이다. 경쟁 영역은 다양한 경쟁 상황과 방식의 신체활동을 통해 집단 내 공동의 목표를 추구하는 경쟁 과정을 경험하고 페어플레이와 스포츠맨십 등의 협동과 공정한 태도를 길러 건강한 미래 사회 공동체를 만들어 가는 기초적 능력을 기를 수 있는 영역이다.

'표현'은 신체와 그 움직임이 갖는 아름다움을 추구하며, 신체와 움직임을 통해 감정과 생각을 나타내고 수용하는 긍정적 상호 작용에 대한 가치이다. 표현 영역은 인간의 움직임 욕구와 심미적 표현 의지를 신체 표현을 통해 충족하여 의사소통의 질을 높이고 원활한 인간관계를 형성하며 보다 풍성한 삶을 향유할 수 있는 기본적 정서와 심미적 안목을 기를 수 있는 영역이다.

'안전'은 삶의 가장 기초가 되는 생명 유지를 위해 필요하며, '건강' 가치의 출발점이라고 할 수 있다. 안전 영역은 신체활동에서의 안전에서 시작하여 나아가 안전 의식의 함양으로 개인적, 사회적 안전의 확보를 위한 적극적이고 능동적인 태도와 실천력을 기를 수 있는 영역이다. 체육 교과 교육에서 신체활동과 연계된 안전 교육은 중요한 교육 내용이다. 또, 국가 교육과정의 방향과 요구를 반영하는 측면에서 체육 교과내용에 안전 교육 관련 내용은 강조될 필요가 있다.

(5) 교육과정에서 제시하는 신체활동 예시

신체활동 예시 중 경쟁 활동을 보면 3, 4학년의 경우 태그형 게임, 기초적인 수준의 영역형/필드형/네트형 게임, 축구형 게임, 농구형 게임, 핸드볼형 게임 등을 5, 6학년의 경우에는 발 야구형 게임, 주먹야구형 게임, 티볼형 게임, 배구형 게임, 배드민턴형 게임, 족구형 게임 등 해당 스포츠 기능을 직접적으로 익히는 활동이 아니라 유사형태의 게임을 제시하고 있습니다.

야구를 하기 위한 운동 기능이 아닌 야구형태의 게임을 통해 기초, 기본 운동 발달을 요구하는 것입니다. 이러한 형태가 갑자기 중학교에 올라가면서 동작도전의 경우 마루운동, 도마운동, 다이빙 등이 나오고 경쟁 활동에서는 전형적인 스포츠 종목이 나오기 시작합니다.

표. 초등학교 3~4학년 신체활동 예시

영역		신체활동 예시
건강	(가) 건강과 체력	일상생활에서 실천할 수 있는 체력 운동(맨손체조, 줄넘기 등), 기본 생활 습관 형성 활동(몸의 바른 자세, 손 씻기, 양치질, 올바른 식습관 등)
	(나) 여가와 운동 방법	일상생활에서 실천할 수 있는 여가 활동(걷기, 자전거타기, 플라잉디스크, 제기차기, 투호, 사방치기 등), 기초체력 측정 및 증진 활동(스트레칭, 팔굽혀펴기, 왕복달리기, 전력달리기 등)
도전	(가) 속도 도전	단거리달리기, 이어달리기, 오래달리기 및 걷기, 장애물 달리기, 자유형, 평영, 배영 등
	(나) 동작 도전	매트운동, 뜀틀운동, 평균대운동, 태권도 품새 등
경쟁	(가) 경쟁의 기초	태그형 게임, 기초적인 수준의 영역형/필드형/네트형 게임 등
	(나) 영역형 경쟁	축구형 게임, 농구형 게임, 핸드볼형 게임, 럭비형 게임, 하키형 게임 등
표현	(가) 움직임 표현	움직임 언어(이동 움직임, 비이동 움직임, 조작 움직임)를 활용한 표현 활동, 표현 요소(신체, 노력, 공간, 관계 등)를 활용한 표현 활동 등
	(나) 리듬 표현	공 체조, 리본 체조, 후프 체조, 음악 줄넘기, 율동 등
안전	(가) 신체활동과 수상 활동 안전	신체활동과 관련된 안전사고의 종류와 원인 조사 활동, 수상 안전사고 예방 및 대처활동 등
	(나) 운동 장비와 게임 활동 안전	운동 장비와 관련된 안전사고의 종류와 원인 조사 활동, 게임 안전사고 예방 및 대처활동 등

표. 초등학교 5~6학년 신체활동 예시

영역		신체활동 예시
건강	(가) 성장과 건강 체력	생활 건강 관련 활동(신체의 성장, 성폭력의 예방과 대처, 음주 및 흡연의 실태와 예방 등), 건강 체력 증진 활동(근력, 근지구력, 심폐지구력, 유연성 운동 등)
	(나) 여가와 운동 체력	자연 및 운동 시설에서 즐길 수 있는 여가 활동(스키, 캠핑, 등산, 래프팅, 스케이팅, 롤러 등), 운동 체력 증진 활동(순발력, 민첩성, 평형성, 협응성 운동 등)
도전	(가) 거리 도전	멀리뛰기, 높이뛰기, 멀리 던지기 등
	(나) 표적/투기 도전	볼링 게임, 골프 게임, 다트 게임, 컬링 게임 등 / 태권도, 씨름 등
경쟁	(가) 필드형 경쟁	발야구형 게임, 주먹야구형 게임, 티볼형 게임 등
	(나) 네트형 경쟁	배구형 게임, 배드민턴형 게임, 족구형 게임, 탁구형 게임, 테니스형 게임 등
표현	(가) 민속 표현	우리나라의 민속 무용(강강술래, 탈춤 등) 외국의 민속 무용(티니클링, 구스타프 스콜, 마임 등)
	(나) 주제 표현	창작무용, 창작체조, 실용 무용 등
안전	(가) 응급 처치와 빙상·설상 안전	응급 처치 활동(출혈, 염좌, 골절 등의 발생 시 대처 방법 관련 활동, 심폐소생술 등), 빙상·설상 안전사고 예방 및 대처 활동 등
	(나) 운동 시설과 야외활동 안전	운동 시설과 관련한 안전사고의 종류와 원인 조사 활동, 야외 활동 안전사고 예방 및 대처 활동 등

새로운 준비운동으로서 리드업 게임(Lead up game)

학교 현장에서 체육수업의 일반적인 진행 방법은 준비 운동, 본 운동, 정리 운동으로 구성됩니다. 기존의 준비운동을 살펴보면 천편일률적으로 운동장을 뛰고 단체 체조를 하는 형식이었습니다. 이는 준비운동에 대한 생리학적 관점에도 맞지 않지만 학생들의 입장에서도 하기 싫어서 억지로 해야 하는 과정으로 인식되게 합니다. 즉 준비운동은 수업을 시작하기 위한 하나의 단계로 인식되고 학생의 입장에서는 통과의례로 여김으로써 어떻게 해서든 빨리 지나가고 싶은 과정으로 다가오게 됩니다.

준비운동은 본 운동을 위한 준비로서 본 운동에서 사용할 근육과 신체 부위를 준비시키는 것이 가장 큰 목적이 있습니다. 이러한 목적을 위해 본 운동에 따라 적합한 준비운동이 필요하며 교육적 효과를 높이기 위해서는 놀이나 게임형식을 통해 학생의 능력 수준을 확인하고 즐겁고 흥미롭게 준비운동을 할 수 있도록 해야 합니다. 무엇보다 중요한 것은 본 운동에서 사용할 근육과 신체부위의 온도를 높여줄 수 있는 준비운동 게임을 선정해야 합니다.

학생의 흥미와 재미를 고려한 준비운동 게임으로서 가장 적합한 것이 리드업 게임입니다. 리드업 게임은 유소년에게 알맞도록 각종 스포츠의 원형을 쉽게 배울 수 있는 것으로 변형하여 단순화한 게임입니다. 쉽게 말해 본 운동에서의 종목을 쉽고 재밌게 단순화하여 만든 것이 리드업 게임입니다. 리드업 게임은 정형화된 게임이라기보다는 어느 한 동작이나 2-3개 동작을 단순화하여 만든 게임이기 때문에 본 운동 준비를 위한 준비운동으로 그 효과가 크다고 할 수 있습니다. 특히 리드업 게임은 단순한 구조로 이루어져 학생들에게 스포츠에 대한 흥미를 불러일으키고, 스포츠의 기초적 기능은 물론 인성적 요소, 판단력 그리고 체력과 같은 건강의 요소를 함양할 수 있는 장점이 있습니다.

리드업 게임의 예를 살펴보면 다음과 같습니다.

① 스포츠를 위한 리드업 게임의 예시 : 티볼
- 야구를 쉽게 배우고 즐길 수 있도록 변형한 게임

티볼

② 티볼(본 운동)을 위한 리드업 게임 예시 : 킨볼을 활용한 킥런볼 게임
- 킨볼을 홈베이스에 두고 손으로 쳐서 수비수가 다시 공을 홈베이스로 던지기 전까지 1루를 돌아오는 게임
- 본 운동에서 사용할 팔과 허리 부위 그리고 달리기를 위한 하체 근육을 웜업하는 데 효과적이다.

최고의 학습 방법으로서의 체육놀이

인간은 태어나면서부터 청소년기를 거치기까지 계속적으로 뇌 발달을 이어갑니다. 따라서 이 시기는 한 아이가 훌륭한 과학자가 되느냐

훌륭한 선수가 되느냐 훌륭한 인간으로 성장하느냐를 판가름하는 중요한 시기입니다. 이러한 것들은 다양한 활동과 경험을 통해서 발현되고 구체화되어 나타납니다. 많은 학자들이 강조하듯이 신체활동은 체력과 건강의 이점이외에도 인지적, 인성적 측면의 전인적인 발달에도 도움을 줍니다. 따라서 학생들에게 즐겁고 재미있는 체육놀이를 하면서 다음과 같은 다양한 발달을 가져올 수 있습니다.

(1) 지나친 경쟁으로부터의 자유: 협동

체육 놀이는 지나친 경쟁으로부터 생기는 심리적 압박감을 줄여주고, 파괴적 행동의 필요성을 제거하며, 참가자들이 서로 도우면서 즐거움을 느낄 수 있는 분위기를 조성합니다. 아동기에 습득한 행동이나 습관들은 나중에 성인이 되었을 때, 커다란 영향을 준다는 것을 고려해 볼 때, 아동이나 청소년들이 체육놀이를 통해 바람직한 가치관이나 태도를 습득한다는 것은 매우 중요합니다. 학생들이 타인과 경쟁해서 무조건 이기는 것만 중요하다고 생각한다면 자신의 삶의 과정에서 타인들을 해치는 것을 주저하지 않게 될 뿐만 아니라, 자신의 가족과 스스로를 파괴하게 될지도 모릅니다.

(2) 창의력을 발휘할 수 있는 자유: 인지와 창의력

침팬지 연구로 유명한 교토대의 영장류 연구소의 보고에 따르면 인지능력은 너그러움과 배려를 통해 발달한다고 발표했습니다. 비고츠키도 서로 협동하는 놀이는 인지발달을 주도할 수 있는 사회적 경험이라고 강조했습니다. 결국 아동은 체육놀이를 통해서 지적발달을 위한 기초를 다지게 되며(Piaget, 1953; Weininger, 1972), 이때 인지발달과 함께 계발되는 것이 바로 창의력입니다. 게임 교육에서 아동들의 창의성이 중요한 이유는 그들의 창의성이 발달될 수 있는 자유가 허락될 때, 개인적 만족감을 얻을 뿐만 아니라, 자신이 당면한 문제점들을 해결하는 데 중요한 경험을 갖도록 합니다.

(3) 소외로부터의 자유: 소속감(참여), 자신감

참여하는 학생을 제거하거나 소외시키는 체육놀이는 게임의 경험이 부족하거나 기술이 부족한 학생들에게 불이익을 주고, 그들로 하여금 소외감과 자신감의 상실 등의 감정을 유발하게 됩니다. 무엇보다 유감인 것은 게임에서 탈락되는 학생들이 게임 과정에서 제외되거나 소외됨으로써 경험이 줄어들게 되고, 기술을 향상시킬 수 있는 기회까지도 박탈당할 수 있습니다. 체육놀이는 어떠한 형태로든지 게임의 주체자인 학생들이 소외되는 것을 배제하여 승리자와 패배자로 구분되지 않도록 해야 합니다.

(4) 선택의 자유: 책임감, 문제해결력

체육놀이에 참여하는 학생들에게 비록 나이가 어릴지라도 선택의 기회를 제공하는 것은 그들을 존중하고 그들 자신이 스스로 책임을 질

수 있다는 신념을 뜻합니다. 교사들은 아동이나 청소년들을 책임감 있는 인격체로 대할 때, 그들이 책임감을 느끼며 행동하게 됩니다. 아동이나 청소년들이 의견을 제시할 수 있고 의사 결정을 하며 게임에 참여할 선택의 자유가 주어질 때, 체육놀이에 참여하고 즐기고자 하는 내적인 동기 유발이 형성됩니다.

(5) 재미

Orlick(2006)은 놀이를 하는 학생들의 기본적인 이유가 재미라고 강조하였습니다. 학생들이 게임에서 재미를 느낄 때, 교사는 학생들의 가슴과 영혼에 영양을 공급해주는 것이기 때문입니다.

체육수업 HOW,
어떻게 해야 할까?

체육수업을 잘하기 위해서는 교육과정에서 제시하는 요구들을 이해하고 이를 적용하는데 있어서 놀이중심 체육수업으로의 변화가 필요합니다. 다음 장에서는 체육놀이를 학생들에게 어떻게 적용해야 하는지 간단히 소개하고자 합니다. 먼저 체육놀이를 하기 위해 알아야할 초등학생의 움직임 특징을 이해하고 체육놀이의 핵심 팁(tip)을 알아보도록 하겠습니다.

초등학생과 신체(움직임)활동을 이해한 체육놀이 [4]

(1) 초등학생의 체력과 체격

체력이란 신체적 발달의 기반을 이루는 것으로 인간 활동의 기초가 되는 신체적인 능력을 의미합니다. 현재 초등학생들의 체력은 현저히 떨어져 있으므로 선생님들은 체력 요소를 고려하여 학생의 발달단계에 알맞은 규칙적인 체력놀이를 실시하여 근력과 지구력을 길러줄 필요가 있습니다.

초등학생의 체격은 경제적인 풍요, 국민소득 수준의 향상, 식생활 개선에 따른 영양상태의 호전 등으로 발육상태가 좋아지고 있습니다. 하지만 신체적인 능력인 체력은 오히려 더 약화되는 추세입니다. 초등학교는 학생들이 교육적인 차원에서 체육활동을 시작하기 때문에 이 과정에서부터 균형 잡힌 신체적 발달과 향상을 실천하기 위해 다양한 신체활동을 마련해야 합니다.

(2) 초등학생의 움직임 활동

대부분 학생들은 체육교과를 주변교과로 인식합니다. 또한 '재미' 또는 '신체활동'을 통하여 이루어지는 교과, '어울려 노는 시간'으로 생각하면서도 학교에서 체육이 필요하다는 긍정적인 인식을 지니고 있습

---

4 이 내용은 고문수 외 3인(2018)의 '초등체육교육론'의 내용 중 일부를 발췌하여 수정하였다.

니다. 고문수(2010)는 체육을 지도하는 교사의 역할과 관련하여 학생들이 신체활동을 좋아하도록 이끌어 주는 것이 중요하다고 하였다. 학생 스스로가 체육을 좋아하도록 하고, 신체활동 자체가 흥미롭고 유익하다는 인식과 태도를 심어줌으로써 적극적으로 참여하는 부분을 강조하였습니다. 또한 Jackson(1992)은 체육교육에 대한 학생의 태도와 신념에 대한 이해는 학생의 욕구를 반영한 프로그램의 계획과 교수의 효율성에 크게 영향을 미친다고 언급하면서 학생의 태도를 관찰할 필요가 있다고 제안하였습니다. 무엇보다 초등학생들이 체육수업에서 가장 흥미 있어 하는 내용은 '게임영역'입니다. 여학생은 남학생에 비하여 상대적으로 '리듬 및 놀이영역'에 관심을 보입니다. 초등학생들은 달리기와 철봉 등 체력훈련 중심의 체육수업보다는 게임형식의 즐거운 체육놀이를 선호하는 것으로 나타났습니다.

초등학생의 신체 특성의 차이에 따른 체육놀이

(1) 소극적 참여자를 배려한 수업 운영

초등학생이 체육수업에 소극적으로 참여하는 이유는 여러 가지가 있습니다. 그 중 가장 크게 문제가 되는 것은 학습자들이 수업에 참여할 수 있는 경험의 기회를 얻지 못한 것입니다. 학생들 자신이 할 수 있는 것과 할 수 없는 것 사이에는 능력이외에도 경험의 폭이 크게 좌우합니다. 학생들이 할 수 있다면 자신감을 높일 수 있지만 할 수 없다면 자신감보다는 소극적인 태도로 활동을 멀리하게 만들 수도 있습니다. 이러한 측면을 고려할 때 학생들의 소극적인 참여는 처음부터 만들어진 것이 아니라 신체활동에 참여하지 못한 경험의 누적으로 형성된 자신감의 부재인 것입니다.

예를 들어, 축구형 경쟁 활동에서 한 팀을 10명 내외로 구성하여 운영하는 것은 학습자들로 하여금 수업에 참여하지 말라는 신호를 주는 것과 같습니다. 소수만이 기회를 얻게 되고, 다수가 기회를 갖지 못하면서 경험의 부재로 자신감을 가져오는 데 제약이 되기 때문입니다. 따라서 모두가 참여하고 모두가 즐거운 체육놀이를 적용함으로써 적극적인 참여를 이끌어야 할 것입니다.

다수가 참여하는 신체활동에서 학습자의 참여를 진작시킬 수 있는 좋은 방법은 축소형 신체활동(small sided physical activity)을 활용하는 것입니다. 소수 인원이 한 팀으로 구성되어 활동한다면 학생들의 신체활동에 대한 참여의 폭은 증가하게 됩니다. 여기서 참여의 폭이 증대되면 소극적인 참여자가 아니라 적극적인 참여자로 전환되는 경험을 할 수 있습니다.

수업에 소극적으로 참여하는 학생들이 적극적인 참여자로 전환될 수 있는 수업방안으로는 협동학습의 구조인 팀게임토너먼트(TGT: Team Game Tournament)와 직소(Jigsaw I · II)를 활용하는 방안 그리고 개인차를 고려한 수준별 수업 및 개별화 수업 모형을 활용하면 좋습니다. 학생들이 참여할 수 없는 수업의 구조를 만들어 놓고 방관하는 것이 아니라, 학생들의 참여를 조장할 수 있는 다양한 활용 방안에 관심의 초점을 모아야겠습니다.

(2) 여학생의 활동적인 신체 문화 조성

모든 학생들이 체육수업에서 적극성을 보이지는 않습니다. 초등학교 저학년은 남녀가 모두 적극성을 보이지만 고학년으로 올라갈수록 여학생들은 기피하는 경향을 보이기도 합니다. 이유인즉, 여학생들은 남학생들에게 비해 땀을 흘리거나 자신의 신체 움직임을 타인에게 보이는 것에 민감하게 반응하는 특징이 있기 때문입니다. 체육수업 전에 남학생들이 축구공이나 배구공을 갖고 운동장에 나가서 활발한 움직임을 조성하는 것과 달리 여학생들은 거울과 빗 그리고 선크림을 준비한 후 운동장이나 체육관으로 이동합니다. 여학생들은 남학생들이 자신의 신체 기량을 뽐내려는 모습을 보이는 것과 대조적으로 자신의 신체활동 모습을 가능하면 감추려는 특징을 갖고 있습니다.

또한 여학생들은 수업참여보다는 친구 관계를 더 중시하는 경향이 있습니다. 게임수업에서 여학생들이 친사회적인 상호작용에 관심을 기울이는 것만 보아도 그 이유를 알 수 있습니다(고문수, 2006). 여학생들의 특성 중 하나는 경기의 승패보다는 친구 관계를 더욱 중요시한다는 점입니다. 남학생은 운동 기능을 익히고 게임에 참여할 수 있는 체육수업이 즐겁다고 대답하고, 여학생은 친구들과 놀거나 어울릴 수 있어 체육수업 시간이 즐겁다고 대답합니다. 그렇기 때문에 여학생들의 체육활동을 활성화하기 위해서는 재미있는 체육놀이, 여학생을 배려하는 감성적 수업환경 조성, 여학생들이 할 수 있다는 성취감이 제공된 수업 그리고 교사와의 긍정적 상호작용 등으로 수업 참여를 유인해야 합니다. 또한 또래 친구들과의 협력을 통해 목표를 달성하는 체육수업을 고안해야 합니다(노수신, 2014). 여학생의 체육수업을 활성화할 수 있는 구체적인 방안은 다음과 같습니다.

첫째, 재미있는 체육수업을 위해서는 상대방과의 몸싸움이 적은 체육놀이, 점프밴드를 활용한 티니클링 등을 적용합니다.

둘째, 여학생들을 배려하는 감성적 수업환경 조성 방안으로는 학생 친화적 교내 체육환경 마련, 실내 체육관 및 실내 공간 마련, 교실 체육을 활용하는 방안을 검토할 수 있습니다.

셋째, 여학생들이 할 수 있다는 성취감이 제공된 수업을 위해서는 운동 기능 이외에 전술 이해를 강조하거나 창의적인 측면과 심미적인 측면 등을 지도하고 평가하는 방안을 활용해야 합니다. 또한 토의토론과 발표수업 및 전략과 전술을 짜보는 다양한 간접적인 체험활동을 활용하면 좋습니다.

넷째, 교사와의 긍정적인 상호작용으로 수업 참여를 유인하기 위해서는 교사와 함께 전략을 구안하기, 교사와 학생이 함께 만들어 가는 체육수업을 운영하도록 합니다.

다섯째, 또래 친구들과 협력하여 목표를 달성하는 체육수업에 참여하도록 합니다. 티볼, 모둠별 창작 표현활동 등 친구들과 이야기를 나누고 함께 연습하는 신체활동에 참여함으로서, 학생들은 모둠원들과 함께 하는 체육수업에 참여하면서 소속감을 느끼고 자신의 모둠에 긍정적인 태도를 갖게 되며, 모둠원들 간의 긍정적인 상호작용을 증진할 수 있습니다.

모두를 위한 체육수업

학생들은 흥미, 친구사귀기, 놀이에 관심이 많습니다(Cothran & Ennis, 1998). 이중 흥미는 교사와 학생이 동일하게 가장 중요하게 인식하는 부분이지만, 교사들은 흥미를 체육수업 목표를 위한 도구적인 수단으로, 학생들은 수업 속에서 최종 목표로써의 가치를 부여하는 모습을 보이기도 합니다. 따라서 체육교육을 담당하는 선생님들은 학생들에게 해당되는 체육수업의 목표를 분명하고 명확하게 인식시킬 필요가 있습니다. 그렇게 해야 학생들이 체육수업에서 이루어지는 신체활동의 과정이 무엇을 위한 혹은 무엇에 도달하기 위한 수단임을 알게 됨으로써 수업목표를 명확하게 인식하는 자세를 간직할 수 있을 것입니다. 체육수업에서 흥미 요인은 그 자체가 목표가 아니고, 수업

목표에 도달하기 위한 수단적인 요소임을 알게 해주는 것이 중요합니다.

체육놀이가 노동이나 일과 다른 점은 수업 그 자체가 놀이이면서 동시에 배움이 일어난다는 것입니다. 체육놀이, 그 자체에 본질적인 의미가 포함되어 있다는 것입니다. 이제 체육놀이의 본질적 특성에 대해 일반적으로 합의된 몇 가지 관점을 알아보고자 합니다. 체육수업과 마찬가지로 체육놀이는 단순히 교실, 실내, 운동장에서 노는 것에 그치는 것이 아니라, 더 많은 의미를 지니고 있는데 여기서는 4가지 필수적 특성에 대해 살펴보겠습니다.

첫째, 학생들이 가장 좋아하는 교과가 체육인 것은 교육적 의미와 수업이라는 활동 속에 재미가 있기 때문입니다. 마찬가지로 체육놀이도 먼저 우선시 되어야 할 것이 즐거워야 한다는 것입니다. 여기서 즐거움의 대상은 물론 학생이 됩니다. 학생이 즐거우면 교사도 즐겁고 수업도 즐거운 것이 되기 때문입니다.

둘째, 체육놀이는 자율적인 참여가 중요합니다. 아무리 좋은 내용과 의미가 있는 활동이라 할지라도 학생들이 내적으로 동기화 되어있지 않다면 그 시간은 매우 힘들고 어려운 시간이 됩니다. 하지만 내적으로 동기화 된 활동은 시간가는 줄 모르고 활동에 몰입하게 됩니다. King(1979)은 학생들이 활동에 강요를 당한다면 그 활동은 결코 즐겁지 않고 그것을 일로 간주하게 된다고 강조하였습니다.

셋째, 체육놀이는 학생들이 적극적으로 참여함으로써 자기 주도적인 활동이 이루어집니다. 학생들은 하고 있는 것에 수동적이거나 무관심하기보다는 신체적으로나 심리적으로 몰입해야 하기 때문입니다. 아동들은 스스로 자신이 정한 활동이나 과업에 몰두할 때 성공적이라고 느낄 뿐만 아니라 자기 주도적으로 참여하려는 마음을 갖습니다. 아동의 주도적 학습은 교사의 안내나 조언, 지식 등 어떠한 제공이 없이는 일어나지 않으므로 교사는 사전에 학생들의 활동이 활발히 이루어지도록 충분한 안내와 자료를 제공해야 합니다.

넷째, 놀이 체육은 소통이 자유롭습니다. 넓은 공간을 사용하는 스포츠 활동이 아닌 작은 공간에서 이루어지는 활동이므로 집중이 잘 됩니다.

다섯째, 시청각자료의 효율적인 활용이 가능합니다. 주로 실내에서 이루어지는 체육놀이의 경우 교실에서 시청각자료를 쉽게 활용하거나 실내에서도 음악이나 마이크 등의 도움으로 손쉽게 이용이 가능합니다.

성공적인 체육놀이 활용법

체육놀이는 잠시 스쳐가는 놀이시간이 아닙니다. 체육놀이는 수업 그 자체라고 할 수 있습니다. 간혹 학생들이 수업을 지루해하거나 쉬는 시간의 개념으로 놀이를 하는 경우도 있습니다. 그러나 이것은 레크리에이션의 개념으로 학생들에게 재미있는 시간을 보낼 수 있도록 하는 선생님의 배려이지 체육수업으로 대체될 수는 없습니다. 학교에서 이루어지는 수업은 물론 즐겁고 재미있는 수업 운영이 필요하지만 놀이가 수업을 대신할 수는 없기에 교과수업의 목표를 혼돈해서는 안 될 것입니다.

(1) 성공적인 체육수업을 위한 체육놀이 활용 팁

첫째, 체육놀이는 수업의 '조각(piece)'입니다. 멋진 퍼즐을 만들기 위해 여러 가지 조각이 필요하듯이 체육놀이는 성공적인 체육수업을 만드는 조각이라고 할 수 있습니다. 이 조각을 어떻게 맞추느냐에 따라서 너무 쉽고 빨리 끝나서 시간이 많이 남는 수업이 되느냐 시간이 부족할 정도로 적극적인 참여를 이끄는 수업이 되느냐를 결정합니다.

둘째, 체육놀이는 단순해서 아이들이 한번하면 재미없다는 편견이 있습니다. 그래서 선생님들께서 많은 체육놀이를 구하다 지치는 경우가 있습니다. 하나의 체육놀이에서도 체육수업의 목표에 따라 다양한 의미를 부여하고 수업목표와 대상 그리고 학생 수에 따라 약간의 변형이 이루어지면 의미 있는 체육시간이 될 것입니다.

셋째, 체육은 교구는 대부분이 비쌉니다. 그래서 교구가 없어서 체육을 못하겠다는 말까지 나오기도 합니다. 그래서 이 체육놀이는 교구를 최소화하였고 비싼 교구가 아닌 교실이나 체육창고에서 흔히 구할 수 있는 비슷한 준비물을 활용해야합니다. 이 책에 나온 교구를 그대로 사용하기 보다는 선생님 주변에서 흔히 구할 수 있는 교수학습 자료를 활용하면 됩니다. 예를 들어 컬링은 교구를 사용하면 시각적이거나 기능적으로 효과가 크지만 비싸거나 학교에 없는데 급히 사용해야할 경우에는 규칙을 조금 변형하여 여러 가지 공으로 대체가 가능합니다.

넷째, 체육놀이는 신체 움직임의 수준이 낮아야 합니다. 너무 복잡한 규칙을 적용하거나, 학생의 수준보다 높은 과제를 제시하기 보다는 서로 협력하여 즐겁게 참여 가능하도록 하여야 합니다. 이때 선생님도 학생들과 쉽게 함께할 수 있는 것이면 더욱 좋습니다.

다섯째, 이 책에 들어있는 체육놀이는 복잡한 규칙이나 장비를 사용하지 않기 때문에 교실에서 국어나 수학 수업처럼 편하게 준비할 수 있습니다. 복잡한 규칙과 장비는 학생들에게도 어렵게 다가와 참여의 지속과 즐거움을 떨어뜨리고 준비를 하는 교사에게도 엄청난 부담감으로 다가옵니다. 따라서 간단하면서도 수업의 목표를 달성하는데 적합한 체육놀이를 선정하는 것도 성공적인 수업을 위한 요인이 됩니다.

여섯째, 체육 교과뿐만 아니라 다양한 교과와의 융합이 가능합니다. 제가 초등학교 때 만약 공부하는 책이 만화책처럼 되어 있다면 재미있게 독서 할 것이라는 이야기가 있었습니다. 그때만 해도 말도 안 되는 소리라고 생각했습니다. 그러나 지금 초등학생을 위해 한자, 영어, 과학 등 지식 정보관련 서적 중 많은 수가 만화 형식으로 구성되어있습니다. 학습자의 흥미와 지식 정보를 동시에 제공함으로써 학습효과를 높이기 위한 강구책입니다. 이처럼 국어, 수학, 음악, 과학 등도 체육놀이와 접목이 되어 수업이 이루어진다면 학생의 학습효과는 재미와 더불어 극대화 될 것입니다. 얼마 전 TV 프로그램에서 핀란드의 '움직이는 학교'라는 주제로 방영을 한 적이 있습니다.

그 중 수학을 즐겁게 웃고 뛰며 경험하는 '수학+체육'의 융합 수업이 소개되었습니다. 초등학교 2학년 학생들이 교실에서 십진법에 대해 먼저 공부한 후 체육관에서 백 단위, 십 단위, 일단위의 팀 조끼를 입은 학생을 선생님의 호명된 숫자만큼 잡아서 데리고 오는 '십진수 술래잡기'놀이였습니다. 지면으로 배우는 수학에 대한 학생들의 마음은 "어렵고 싫다"라는 생각이 지배적이지만 수학시간에 익힌 공부를

융합수업(체육+수학)

체육시간에 놀이로 활용한다면 더욱 적극적으로 참여하고 놀이를 통해 체득함으로써 머리와 신체를 통해 익히는 수업이 됩니다.

일곱째, 체육놀이는 배려에서 시작합니다. 아이들과 체육수업 규칙을 먼저 만들어보세요. 참여하고 싶어서 서로서로 조심하고 규칙을 지켜나가고자 노력합니다. 이 속에서 아이들은 규칙을 배우고 지키는 과정에서 존중과 책임감을 갖게 됩니다.

여덟째, 체육놀이는 그 속에서 아이들이 밝게 웃고 마음을 여는 활동입니다. 체육놀이 과정 속에서 아이들의 마음이 열립니다. 체육놀이 속에서 친구들과 문제가 있는 아이들, 부모님과 문제가 있는 아이들, 선생님과 문제가 있는 아이들이 보이고 그 아이들과의 소통이 쉽게 이루어지는 계기가 될 것입니다. 놀이는 아이들의 마음을 열고 관계를 회복시키는데 엄청난 에너지를 발휘합니다. 움직임을 통해 내적인 욕구와 갈등을 분출하게 되면 마음이 열리고 관계가 회복됩니다.

(2) 체육놀이 수업하기 예시

다양한 체육놀이를 책이나 연수를 통해 접해보고 막상 아이들에게 적용해보려고 하면 어떻게 해야 할 지 고민하는 경우가 있습니다. 지금 제시하는 방법은 정답이 아니라 체육놀이 수업을 어떻게 시작해야할지 어려워하는 선생님들을 위한 시작점이라고 생각하시면 될 거 같습니다.

흔히 체육수업을 생각하면 준비운동 → 동기유발 → 수업목표, 수업활동 안내 → 전개 → 정리운동의 순서로 이루어집니다. 그러나 앞서도 이야기했듯이 준비운동은 도입의 내용을 다 다루고 난 다음 즐거운 게임으로 시작해야 합니다. 이런 흐름에 따라 "미션임파서블"을 주제로 수업 예시를 제시해 보겠습니다.

① 동기유발

: '미션임파서블' 영화의 클립영상 시청

– 오늘 활동한 체육놀이에 대한 설명을 하지 않고 '미션임파서블'[5] 영화의 클립영상을 보여줍니다. 미션임파서블은 어려운 불가능한 미션을 주인공(탐클루즈)이 어려움을 극복하고 결국엔 해결한다는 내용이라는 것으로 학생들에게 하고자 하는 마음을 갖도록 합니다.

: '레이져 보안시설' 클립영상 시청

미션임파서블

5 미션임파서블 클립영상 사이트: https://www.youtube.com/watch?v=gNJgMo14XWU

레이저 보안시설

– 실제 유명 박물관에서는 명작의 도난 방지를 위해 레이저 보안시설을 설치하여 활용하고 있다는 것을 설명한 후 '여러분이 영웅이 되어 실제 임무를 수행해야 합니다.'라고 임무를 부여합니다. 우리가 오늘 해볼 체육놀이도 레이저보안시설을 성공적으로 탈출하는 것인데, 조금 다른 방법으로 해 볼 것이라고 설명합니다.

② 준비운동 게임
– 순발력을 기를 수 있는 게임(순간의 찰나, 지퍼 열어 지퍼 닫아, 철길을 달려라 등)을 선정하여 준비운동 게임을 진행합니다.

③ 미션임파서블 게임

- 미션임파서블 음악을 틀어줍니다.

- 안전하게 활동합니다.

④ 정리운동 게임

- 준비운동 게임과 동일하게 합니다.

⑤ 정리하기

소통하며 발문하기

게임 중 아이들의 피드백을 알아보는 가장 좋은 방법의 하나는 바로 질문하는 것입니다. 게임 후에 아이들은 여러 가지 면에서 변화를 보이게 될 것입니다. 이때 아이들이 좋아하는 음악을 틀어주고 서로 이야기를 하며 질문을 해봅시다.

질문의 예:

- 오늘 체육놀이는 어땠니?

- 재미있었니?

- 게임하는 동안 서로 배려하고 챙겨준다는 느낌을 받았니?

- ○○는 열심히 참여했니?

- ○○는 다른 친구들과 협동을 했니?

- 다른 친구들이 ○○와 협동을 했니?

- 가장 기억에 남는 것은 무엇이니?

- 게임 중 하기 싫었던 것은 어떤 것이었니?

- 게임을 더 재미있고 잘 하기 위한 아이디어가 있니?

새로운 게임 규칙을 소개할 때 할 수 있는 질문들:

- 새로운 규칙에 대해 어떻게 생각하니?

- 이전에 비해 지금의 새로운 규칙이 더 마음에 드니?

- 새로운 규칙에서 가장 좋았던 점은 무엇이었니?

- 게임을 더 잘하고 재밌게 하기위해 어떠한 변화를 주면 좋을까?

새로운 게임을 소개할 때나 그 게임에 대한 의견을 물을 때

사용할 수 있는 질문들:

- 그 게임 어떠니? 좋았니?

- 이 게임이 너의 생활에 도움을 주니?

- 만약 그렇다면 어떠한 점에서 그렇게 생각하니?

- 이 게임에서 가장 좋았던 점은 무엇이니?

- 게임을 좀 더 잘하고 재미있게 하기 위해 다른 아이디어가 있니?

체육수업에 흥미 없는 아이들, 성공적인 수업 사례

흥미 없는 아이들, 그리고 체육수업에 두려움을 갖는 선생님

우리 아이들은 교사의 생각과 의도 그리고 마음을 정확히 알고 있습니다. 그래서 선생님의 기분과 노력, 열정을 금방 알아차리기도 합니다. 교사와 학생의 소통이라는 것은 그렇게 어렵거나 복잡한 이론을 들이대지 않아도 교사라면 충분히 이해할 것입니다.

학생과의 소통 측면에서 저는 어쩌면 운이 좋았는지 모릅니다. 체육놀이를 자주 하면서 아이들과 자연스럽게 소통하고 이러한 소통은 학부모에게도 전이되어 자연스럽게 신뢰가 쌓였던 것 같습니다. 이 절에서는 제가 경험한 체육놀이의 성공사례에 대해 이야기해 보겠습니다.

학생상담, 학부모 상담의 최고는 '체육놀이'

체육 전담교사로 근무하고 있을 때의 일입니다. 오후에 교장선생님께서 갑자기 면담을 요청하셔서 가보니 심각한 표정으로 교무부장 선생님과 앉아 계셨습니다. 그 분위기에 압도되어 내가 무슨 큰 잘못을 했나 괜한 생각들이 짧은 시간 스쳐지나 갔습니다. 그러나 그 내용은 전혀 생각지 못한 것이었습니다.

얼마 전 3학년 ○○반 선생님께서 반 아이들의 학급경영의 어려움으로 정신과 치료를 받으시고 휴직을 하게 되어 제가 그 반 담임으로 교체되길 원했던 것입니다. 사실 그 반은 워낙 말썽쟁이들이 가득하기로 유명(?)해서 아무도 가고 싶지 않았던 상황에 담임선생님까지 갑자기 휴직을 하게 된 것입니다.

짧은 1~2초의 시간동안 두 가지 생각으로 복잡했습니다. '절대 그 반을 맡는다고 하지 말아야지'와 '아니야, 내가 그 반을 맡아서 한 번 변화시켜볼까?'였습니다. 선택은 후자였습니다. 그래도 선택을 잘 한 것이겠지 라는 위안을 삼았으나 채 3일이 지나기도 전에 많은 후회를 했습니다. 많은 학부모들은 얼마나 잘하나보자는 눈초리로 바라보고 있었고, A 학생은 친구와의 사소한 다툼으로도 흥분하기 시작하더니 자해를 하고 자살을 하겠다며 창문으로 달려가기를 반복했습니다. 반 아이들은 흔히 경험해볼 수 없는 상황에 다양한 트라우마로 나타나기도 했습니다. 그야말로 진퇴양난의 연속이었습니다.

집단상담, 개별상담, 전문가 상담, 학부모 간담회 등 많은 행동들을 취했지만 나아질 기미가 보이지 않았습니다. 한 달이 지나갈 즈음 특단의 조치를 취해야겠다는 생각으로 학교수업의 대부분을 '체육놀이'로 대신하기로 했습니다. 처음엔 서로 싸우고 난장판의 연속이었지만 그래도 언젠가 변화될 것이라는 희망을 갖고 스스로 체면을 걸어가며 2주일이 지났습니다.

귀찮다며 잘 참여하지 않고 곧잘 흥분해버리던 A학생은 어느 순간 얼굴 표정이 밝아지기 시작하더니 흥분해야 할 상황에서도 참으려 노력하는 모습이 보이기 시작했습니다. 그 이후로 반 아이들도 학부모들도 서서히 변화하기 시작했습니다. 담임교사인 저를 믿고 소통하게 되었고 A학생은 4학년, 5학년, 6학년을 무사히 마치고 이제는 멋진 고등학생이 되어 가끔 연락하고 만나기도 하면 행복한 시간을 보내고 있습니다. 그 학생이 했던 이야기 중에 '체육놀이'가 보여준 힘이 있었습니다.

"다른 아이들이 즐겁게 웃으면서 뛰어노는 것을 멀리서 보고 있으니까 저도 같이 하고 싶었어요. 같이 놀이를 하려면 참아야 하잖아요. 그래서 참았던 거 같아요."

어느 때보다 체육놀이를 많이 경험했던 아이들이라 그런지 지금도 대부분 SNS으로 연락하며 지내고, 간혹 학교 일로 힘들 때마다 그 당시 아이들을 생각하며 웃어 보기도 합니다.

학부모와의 소통은 `체육놀이`에서

얼마 전 둘째 아들 주호가 1학년에 입학하게 되었습니다. 첫째가 듬직한 딸이라서 크게 걱정이 없었던 것에 비해 이상하게도 둘째는 학교생활을 잘 할 수 있을지 궁금하기 시작했습니다. 그래서 가끔 학교에서 무엇을 하고 놀았고 친구들은 많이 사귀었고 선생님은 어땠는지 물어보았습니다. 그럴 때마다 항상 같은 대답만 돌아왔습니다.

"그냥, 뭐!", "수학했는데 재미없었어." "몰라"

그런데 어느 날 퇴근하여 집에 돌아온 저를 보자마자 주호가 달려와 이야기 꽃을 피우기 시작했습니다.

주호

"아빠, 오늘 5교시에 뭐 했는지 알아?"

"글쎄 모르겠는데? 뭘 했는데?"

"선생님이 5교시에 책상하고 의자를 전부 벽에 붙이라고 하고는 교실 뒤에 앉으라고 했어. 그리고 한 명씩 뽑아서 달려 나와서 가운데 책상에 놓인 카드를 열어보고는 그 모양을 표현하라고 하고 우리가 그걸 맞추는 거야."

"그래? 엄청 재미었나보네~~"

"어, 엄청 재미있었는데 시간이 너무 빨리 지나가서 난 못했어. 다른 애들도 못한 애들이 더 많았어. 그래서 선생님이 다음 시간에 또 하고 시켜준데. 어서 빨리 그 날이 왔으면 좋겠다."

물론 1학년 아이의 말이라 정확히 이해할 수 없었지만 카드에 그려진 동물이나 직업 그림을 보고 그 모습을 표현하게 한 후 친구들이 맞추도록 하는 게임이었던 것 같았습니다.

정말 해맑고 기쁜 표정으로 달려와 이야기하는 아이의 모습을 보며 어쩐지 선생님께서 매우 좋으신 분 같다는 막연한 생각이 들었습니다. 사실 저는 우리 반 아이들과 체육놀이를 자주하면서도 아이들의 그 밝고 즐거운 마음이 부모에게까지 전이될 것이라고는 상상도 못했던 것 같습니다. 우리 아이가 학교에서 즐거웠던 시간을 이야기하는 것만큼 부모의 마음을 기쁘게 하는 것도 없다는 것을 늦게 이해하게 되었습니다.

아마 우리 반 아이들이 체육놀이를 하면서 즐겁게 보낸 시간들을 집에 돌아가 아버지나 어머니께 이야기하고 부모는 그 모습을 보며 학교와 담임 선생님에 대한 긍정적인 마음을 갖게 되는 것 같습니다.

지금까지 교직생활을 해오며 여러 가지 사건 사고도 많았습니다. 학교폭력, 안전사고 등 많은 일들이 있었지만 이상하게 우리 반 부모님들은 남자 선생님이라 불편했을 텐데도 전화 통화에서도 항상 밝게 이야기 했던 것 같습니다. 그래서인지 민원도 없었고 어려운 일이 있었을 때도 더 큰 문제없이 잘 지내왔던 것 같습니다.

혹시라도 우리 반 아이들 혹은 학부모 때문에 힘드신 선생님들이 계시다면 꼭 체육놀이를 해 보세요. 아이들이 먼저 변화되고, 부모가 서서히 변화하는 것을 경험하게 되실 것입니다.

체육놀이 연수를 듣고 적용해 본 선생님들의 생생한 이야기

다음의 내용들은 아이스크림 원격교육연수원에서 오픈한 〈실내광체(실내에서 끝장내는 체육놀이)〉 직무연수를 듣고 나눈 생생한 현장 선생님들의 사례입니다.

더 많은 선생님들의 이야기가 있었지만 지면상 네 분의 선생님의 사례를 담았습니다.

📚 체육놀이의 성공사례

사례 1 학창시절의 저에게 체육시간은 단순한 달리기나 축구, 피구만 하는 시간이었습니다. 그리고 교사가 된 저에게 그 기억은 그대로 남아서, 뭔가 많은 것이 결핍된 수업을 하게 되었습니다. 답답함과 조급함을 느꼈는데, 체육을 좀 더 즐겁게 가르칠 수 있는 방법이 있을까? 하고 연수 목록을 탐색했습니다. 놀이 체육이란 단어를 보고나서 이끌림을 느꼈고, 어느덧 시간이 한 달이 지나가면서 많은 것을 경험할 수 있었네요. 〈중략…〉

연수에서 배운 몇 몇 활동들을 하면서 학생들이 "쌤 한번만 더요." "저 한번만 시켜주세요!" 라고 눈에 불을 켜고 저에게 달려드는 모습을 보고 있자니 체육에 대한 제 생각이 유연해지고 어떻게 하면 모두가 참여하면서 즐길 수 있을까 고민하게 되더라고요.

- tj*** 선생님

사례 2 간단한 자료를 이용한 쉽고도 다양한 영역의 실내체육 연수 흥미진진하게 받았어요. 줄넘기와 생존수영 영역까지 다루어 주셔서 더욱 유익했답니다. 연수 받으면서 중간놀이 시간이나 우천 시 교실체육 등 수시로 아이들에게 바로 적용하니 재미있는 놀이 많이 해주는 선생님으로 인기가 쑥쑥 올라가고 있네요. 아이들이 "왜 이렇게 1주일이 빨리 지나 가냐"며 주말이 오는 걸 아쉬워하네요.

- mu*** 선생님

사례 3 저학년을 오랜만에 맡게 되어 통합교과 중 놀이 수업에 대한 부담이 컸던 차에 이 연수를 접하게 되어 이제는 비오는 날에도 걱정 없는 즐거운 놀이 수업이 되었습니다. 실내에서 할 수 있는 여러 유형의 수업, 특히나 저·중·고 나누어 할 수 있는 수업 형태를 선보여 주셔서 어떤 학년을 맡든지 비오는 날에도 아니 강당에서도 운동장에서도 자신 있는 수업 시간이 되었습니다. 무엇보다도 활동적인 것을 좋아하는 아이들에게 새로운 놀이 수업을 선보일 때마다 무척이나 좋아하는 모습을 보면서 정말 연수 받기를 잘했다는 생각이 들었습니다. 놀이를 통해 순발력도 기르고 창의성도 기르고 협동심도 기르고 무엇보다도 서로를 존중하며 배려하는 마음을 기를 수 있다는 것이 큰 장점인 것 같습니다. 오늘도 아이들이 행복한 하루가 되도록 최선을 다하며 아이들에게 사랑도 심고 꿈도 심는 교사가 되고 싶습니다. 우리 교사 모두 파이팅!!!

– kh*** 선생님

사례 4 학생들이 가장 기대하는 시간인 체육!! 체육을 조금 더 다채롭고, 유익하게 꾸리고 싶어 수강하게 되었는데 중간놀이시간이며 체육활동 시간에 적용하니 학생들이 평소보다 더 즐거워하는 모습을 보여주었습니다. 담임이 체육을 공부하고 준비하는 모습이 학생들이 다른 과목 수업에도 열중하는 효과까지 이어집니다! ^^

– go*** 선생님

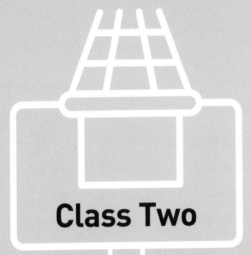

Class Two

Physical Education

실내에서 끝장내는 체육놀이

교실편, 강당편

수업보다 중요한
준비운동과 정리운동

준비운동과 정리운동의 중요성

운동선수들도 경기에 참여하기 위해 1시간 전부터 최상의 몸 상태를 만들고자 준비운동을 열심히 합니다. 준비운동을 열심히 하지 않으면 아무리 훈련이 잘 된 선수일지라도 자신의 기량을 맘껏 발휘하기도 전에 다치기 쉽기 때문입니다.

이렇듯 준비운동은 본 운동을 위한 최상의 몸 상태를 만들어 주기도 하지만 운동 상해를 예방하는데 에도 아주 중요한 역할을 합니다. 때문에 준비운동과 정리운동에 대한 교육은 바람직한 운동 습관의 형성과 평생 교육 차원에서도 긍정적인 영향을 미치게 될 것입니다.

(1) 준비운동의 중요성과 효과

어떠한 운동이든 시작하기에 앞서 학생들에게 준비운동의 중요성을 인지시켜야 하겠지만, 특히 어린 시기부터 학생들에게 준비운동을 시키는 것은 바람직한 운동 습관을 형성하기 위한 교육적 수단이 됩니다.

〈준비운동의 장점〉

- 부상의 위험을 줄인다.

- 점진적으로 심장 박동 수와 혈액 순환을 올린다.

- 체온을 상승 시킨다.

- 근육 활동의 효율성을 높인다.

- 신경 전달을 향상시킨다.

- 관절의 움직임을 원활하게 한다.

- 관절과 관련 근육을 준비시켜 큰 가동 범위를 통해 기능을 원활하게 한다.

- 후속 활동에 심리적인 준비를 하도록 도와준다.

(2) 정리운동의 중요성과 효과

준비운동과 다르게 모든 활동의 마무리에 주어지는 정리운동은 심박수와 호흡을 원래 상태로 회복시켜주는 역할을 합니다. 또한, 근육의 피로를 풀어주며 혈액순환을 도와줍니다. 만약 운동 후 즉시 정리운동을 하지 않으면 혈액순환에 장애가 나타나고, 급기야는 피곤함과 어지러움을 유발할 수 있습니다.

지퍼 열어, 지퍼 닫아

'지퍼 열어, 지퍼 닫아' 활동은 두 줄로 선 모둠원들이
학생이 지나갈 때 팔을 위로 올리고, 내리는 게임입니다.

- **해당영역** : 전 영역
- **활용학년** : 유아, 초등 저·중·고학년
- **게임형태** : 7~15명을 한 모둠으로 구성
- **준비물** : 없음

✎ 활동 방법

Step 1

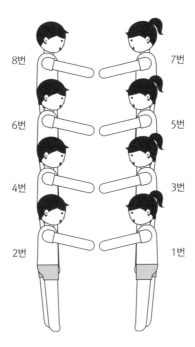

❶ 두 줄로 마주보고 서서 서로의 손이 닿을 정도로 팔을 앞으로 쭉 편다.

❷ 첫 번째 학생이 모둠원의 두 줄 사이를 달려간다.

❸ 첫 번째 학생이 뛰어갈 때 모둠원들은 팔을 위로 올리고, 학생이 지나가면 팔을 내린다.

❹ 순서대로 두 줄 사이를 달리고 난 후에는 원래 서있던 자기 위치로 돌아온다.

❺ 마지막 순서의 학생들은 모둠원 바깥으로 돈 후 안쪽의 두 줄 사이를 달리고 자기 위치로 돌아간다.

Step 2

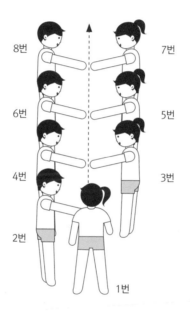

🎮 변형 게임

❶ 속도를 조절하여 최대한 느리게 달린다.

❷ 팔과 다리를 최대한 크게 움직이며 통과한다.

다함께 튕겨 튕겨

'다함께 튕겨 튕겨' 활동은 머리, 어깨, 팔, 다리 등을 신체 부위를 모두 사용하여
풍선을 튕기는 게임입니다.

- **해당영역** : 전 영역
- **활용학년** : 유아, 초등 저·중·고학년
- **게임형태** : 5~10명을 한 모둠으로 구성
- **준비물** : 풍선

✎ **활동 방법**

Step 1

❶ 모둠별로 서로의 손을 잡고 원을 만든다.

❷ 그림과 같이 신체 부위를 이용해 풍선이 땅에 떨어지지 않게 튕겨 올린다.

❗ 주의할 점

❶ 모둠원끼리 잡은 손은 절대 풀면 안 된다.

❷ 모둠원끼리 잡고 있는 손을 떼서 풍선을 튕기지 않는다.

Step 2

콩주머니 전달! 게임

'콩주머니 전달' 게임은 신체의 다양한 부위에 콩주머니를 올려놓고
이동하는 게임입니다.

- **해당영역** : 도전 영역
- **활용학년** : 유아, 초등 저·중·고학년
- **게임형태** : 전체를 두 모둠으로 구성
- **준비물** : 콩주머니

✎ 활동 방법

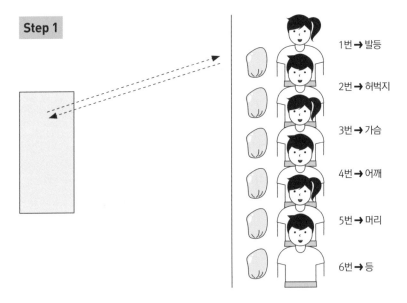

Step 1

1번 ➜ 발등
2번 ➜ 허벅지
3번 ➜ 가슴
4번 ➜ 어깨
5번 ➜ 머리
6번 ➜ 등

❶ 학생들이 출발선에서 콩주머니를 가지고 일렬로 선다.

❷ 미리 약속한 신체 부위를 사용하여 콩주머니를 떨어뜨리지 않고 목표 지점까지 이동한다.

❸ 모둠원들이 순서대로 6개의 콩주머니를 전부 목표 지점(사각 라인)에 넣으면 승리한다.

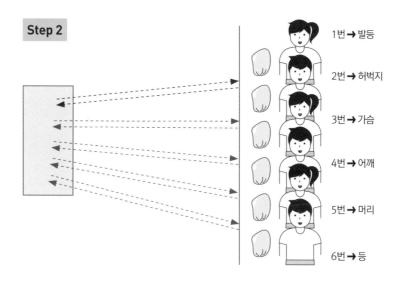

Step 2

1번 → 발등
2번 → 허벅지
3번 → 가슴
4번 → 어깨
5번 → 머리
6번 → 등

❗ 주의할 점

❶ 목표 지점인 사각 라인 안에 정확히 떨어지지 않으면 제자리로 돌아가 다시 출발한다.

❷ 머리를 숙일 때 의자에 부딪힐 수 있으므로 공간을 충분히 넓힌다.

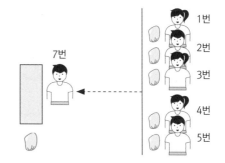

7번

1번
2번
3번
4번
5번

오버 언더 공 릴레이

'오버 언더 공 릴레이'는 일정한 간격을 두고 의자에 앉아, 공을 머리 위와 의자 밑으로 번 갈아 가며 전달하는 게임입니다.

- **해당영역** : 전 영역
- **활용학년** : 유아, 초등 저·중·고학년
- **게임형태** : 5~10명을 한 모둠으로 구성
- **준비물** : 공(축구공, 배구공 등)

✎ 활동 방법

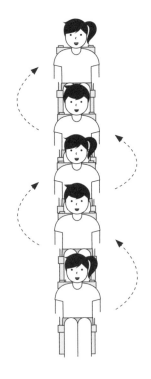

❶ 모둠원들은 일정한 간격을 두고 의자에 앉는다.

❷ 의자에 앉은 상태에서 뒤에 있는 모둠원에게 공을 전달한다.

❸ 가장 뒤에 앉은 모둠원은 다시 앞에 있는 모둠원에게 공을 전달한다.

🎮 변형 게임 : 사이드 공 릴레이

❶ 앞 사람부터 교대로 공을 왼쪽, 오른쪽으로 번갈아 가며 전달한다.

❷ 각 모둠원끼리 일렬로 선 후 공을 전달해 먼저 공이 도착한 모둠이 승리한다.

⚠ 주의할 점

❶ 머리를 숙일 때 의자에 부딪힐 수 있으므로 공간을 충분히 넓힌다.

❷ 공을 전달할 때에는 머리 위와 의자 밑으로 번갈아 가며 전달해야 한다.

첫 만남,
우리는 하나!

아이들에게 긍정적인 상호작용을 심어주기 위해 학기 초 또는 학년 초에 팀 빌딩 활동(새로 만난 친구들 또는 새로 형성된 팀이 어색함을 떨쳐 버리고 한 반의 구성원으로 활력을 불어 넣어주는 활동)이 필요합니다.

이 장의 활동을 아이들과 함께 해보고 따돌림을 예방하기 위한 대처방법에 대해 함께 이야기하는 시간을 가져보는 것도 좋습니다.

체육놀이 살펴보기

놀이 1 집짓기 게임

놀이 2 너 그리고 나

놀이 3 옷 공장

놀이 4 나를 믿어

집짓기 게임

'집짓기 게임'은 변화하는 상황에 빠르게 대처할 수 있는 상황 판단력을 향상시켜주는 게임입니다.

- **해당영역** : 전 영역
- **활용학년** : 초등 중학년
- **게임형태** : 전체
- **준비물** : 없음

✎ 활동 방법

Step 1

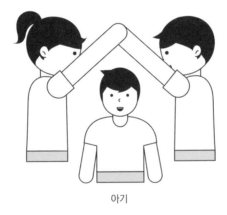

아기

❶ 세 명이 짝이 된다. 두 명은 양손을 맞잡아 집을 만들고 한 명은 그 안에 들어가 아기 역할을 한다.

❷ 술래를 한 명 정하고, 그 술래에게 세 가지 문장만 외칠 수 있게 한다.

Step 2

"집이 무너진다."라고 외칠 경우

아기는 그대로 있고 집 모양을 만들던 학생들은 손을 풀고 다른 아기의 집을 만들어야 한다. 술래도 한 아기의 집을 만드는 데 동참한다. 이 때, 집을 만들지 못한 학생이 술래가 된다.

"아기가 운다."라고 외칠 경우

집 모양을 한 학생들은 손을 맞잡은 상태 그대로 있고 아기들이 다른 집을 찾아간다. 술래도 아기가 되어 한 집으로 들어가야 하며, 집 안으로 들어가지 못한 학생이 술래가 된다.

"바람이 분다."라고 외칠 경우

집과 아기 역할을 하던 학생들 모두 새롭게 집을 만들고 아기 역할을 한다. 술래도 집과 아기 중 하나가 되어야 한다. 아무 곳에도 참여하지 못한 학생이 술래가 된다.

너 그리고 나

'너 그리고 나' 게임은 친구들과의 친근감을 느끼면서 사회성을
향상시킬 수 있는 놀이입니다.

- **해당영역** : 전 영역
- **활용학년** : 초등 저·중·고학년
- **게임형태** : 전체
- **준비물** : 없음

✏️ 활동 방법

Step 1

❶ 한 명만 제외하고 반 학생 모두 큰 원 모양으로 앉는다.

❷ 술래가 된 학생은 가운데 서서 반 학생들의 모습을 살핀다.

❸ 술래가 자기소개를 한 후 어떤 사물이나 모습을 말하면(예를 들어 안경 쓴 친구, 반바지 입은 친구 등), 그것에 해당하는 학생들은 자리에서 일어나 다른 자리로 이동한다.

❗ **주의할 점**

자리를 바꾸는 과정에서 학생들끼리 부딪혀 사고가 나지 않도록 상체를 세워서 움직이도록 한다.

Step 2

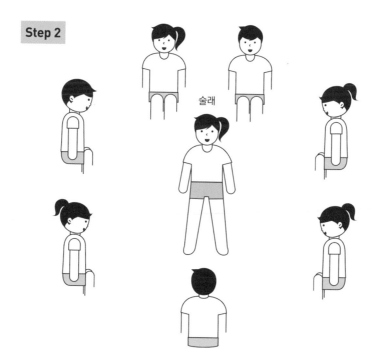

옷 공장

'옷 공장' 게임은 친구들과 갈등상황 발생 시 문제해결 능력을 향상시켜주는 놀이입니다.

- **해당영역** : 전 영역
- **활용학년** : 초등 고학년, 중등
- **게임형태** : 3명 및 단체 활동
- **준비물** : 없음

✎ 활동 방법

Step 1

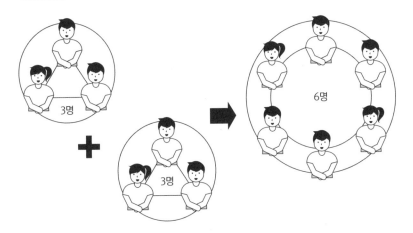

❶ 같은 모둠의 학생들은 오른손이 위로 가게 엇갈리게 한 후 친구들의 손을 하나씩 잡는다.

❷ 선생님이 풀어보라는 신호를 주면 엇갈려 있는 팔을 풀어 본다.

팔을 푸는 방법

팔을 풀려는 학생 맞은편에 공간을 만들고, 그 공간으로 돌면서 들어간다. 옆의 학생들도 차례차례 그 공간으로 돌면서 들어간다.

❗ 주의할 점

❶ 서로 엇갈린 손을 풀었을 때도 학생들은 원 안을 보고 있어야 한다.

❷ 선생님이 방법을 알려주지 않고 학생들 스스로 해결하면 더 성취감을 얻을 수 있다.

Step 2

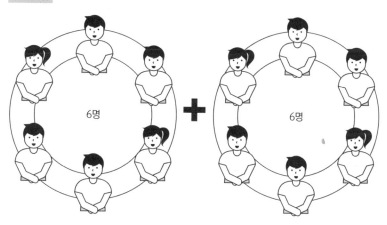

나를 믿어

'나를 믿어' 게임은 불안한 마음을 함께 이겨내는 활동으로, 아이들이 신뢰의 가치를 느낄 수 있는 놀이입니다.

- **해당영역** : 전 영역
- **활용학년** : 초등 고학년, 중등
- **게임형태** : 3명 및 단체 활동
- **준비물** : 운동매트

✎ 활동 방법

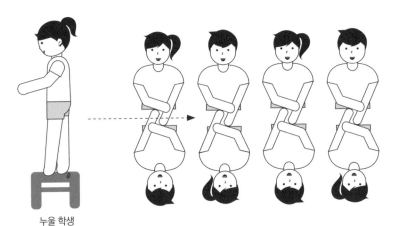

누울 학생

❶ 각 모둠에서 누울 학생 한 명을 제외하고, 두 명씩 짝을 짓는다. 두 학생은 마주서서 팔을 'ㄱ'자로 만들고 서로 잡는다.

❷ 의자 위로 올라간 학생은 모둠원이 마주 잡고 있는 팔위에 천천히 눕는다.

❗ 주의할 점

❶ 모둠원들은 누울 친구가 다치지 않도록 서로 손목을 단단히 잡아야 하고, 누울 친구는 모둠원을 믿어야 한다.

❷ 모둠원들이 힘을 합하여 누워 있는 친구를 튕겨내듯이 천천히 앞쪽으로 이동시킨다. 이때, 아이들은 어깨를 최대한 밀착해서 이동해야 한다.

❸ 누워 있는 학생의 몸이 바닥에 닿거나 정해진 시간 동안 버티지 못하면 탈락한다.

슈퍼맨처럼
여러 가지 힘을 키워요.

건강영역에서는 운동 체력과, 건강 체력의 향상을 강조하고 있습니다. '슈퍼맨처럼 여러 가지 힘을 키워요.'에서 제공하는 간단한 게임을 통해 체격이 커졌으나 체력이 약한 요즘의 아이들이 교실이나 강당에서 체력을 향상 할 수 있는 놀이를 진행해 볼까요.

체육놀이 살펴보기

놀이 1 진에서 밀어내기

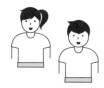

놀이 2 엉덩이 달리기

놀이 3 공중부양 의자

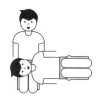

놀이 4 아바타 줄 통과하기

놀이 5 기차 조종사

놀이 6 가사 찾아 노래 부르기

진에서 밀어내기

'진에서 밀어내기' 게임은 서로 밀고 당기는 활동을 통해 아이들의 기초 체력을 향상시키는데 도움을 줍니다.

- **해당영역** : 건강 영역
- **활용학년** : 초등 중학년
- **게임형태** : 5~7명씩 운영
- **준비물** : 없음

✎ **활동 방법**

Step 1

술래

❶ 술래 한 명을 정하고 다른 학생들은 경기장 안에 들어간다. 술래는 경기장 안에 손을 짚고 들어가거나 발을 들여놓을 수 없다.

❷ 술래는 경기장 주위를 빠르게 돌며 학생들을 터치하고, 터치된 학생은 술래와 한 편이 된다.

Step 2

터치

🎮 변형 게임

❶ 경기장 안에 있는 학생들은 "영차! 영차!"하며 서로를 등으로 밀어내고 술래는 경기장 안에 있는 학생의 신체를 잡고 밖으로 끌어낼 수 있다.

❷ 술래는 경기장 안에 있는 학생을 터치하고, 터치된 학생은 술래와 한 편이 된다.

엉덩이 달리기

'엉덩이 달리기' 게임은 빠르게 엉덩이로 이어달리기를 하면서 학생들 간에 협동심을 기를 수 있습니다.

- **해당영역** : 건강 영역
- **활용학년** : 초등 중학년
- **게임형태** : 4~7명씩 한 모둠으로 구성
- **준비물** : 콘 2~3개(또는 의자), 안전천 또는 수건

✎ 활동 방법

Step 1

❶ 모둠원들이 출발선에 선다.

❷ 첫 번째 학생은 앉은 자세로 안전 천을 잡고 엉덩이를 밀면서 나아간다.

❸ 반환점을 돌아와 다음 순서의 학생과 교대한다. 모든 팀원은 반환점을 돌아와야 한다.

❹ 먼저 반환점을 돌아오는 팀이 승리한다.

❗ 주의할 점

뒤로 이동할 경우 부딪힐 수 있는 위험이 있으므로 조심한다.

Step 2

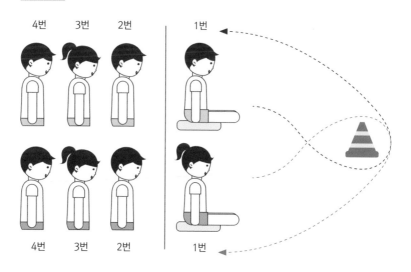

Step 3

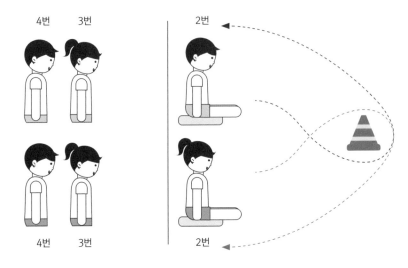

4번 3번 2번

4번 3번 2번

🎮 변형 게임

스쿠터 패들 교구를 사용하여 배를 타고 노젓기와 같은 방식으로 더욱 즐겁게 참여할 수 있습니다.

공중부양 의자

'공중부양 의자' 게임은 의자에 누워있는 친구들의 의자를 하나씩 제거하면서 일정 시간 동안 자세를 유지하는 놀이입니다.

- **해당영역** : 전 영역
- **활용학년** : 초등 고학년, 중등
- **게임형태** : 4~5명씩 모둠 구성
- **준비물** : 의자 4~5개

🖎 활동 방법

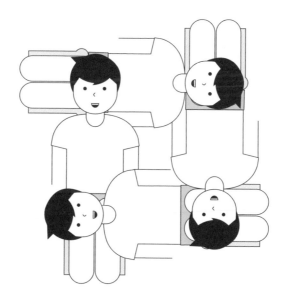

❶ 의자에 앉은 각각의 모둠원은 90도씩 돌아 상대방 모둠원의 허벅지 부분에 머리를 대고 눕는다.

❷ 이 때 학생들은 발만 땅에 닿게 하고 모둠원에 의지한 채 누워 있는다.

❸ 의자를 한 개씩 빼고, 각 모둠원들은 서로에 의지한 채 일정 시간 동안 자세를 유지한다.

❶ 주의할 점

목이 굽혀지지 않도록 온 몸에 힘을 주는 것이 중요하다.

아바타 줄 통과하기

이 놀이는 다양한 높이의 줄을 같은 모둠원의 안내와 도움으로 통과하는 게임입니다.

- **해당영역** : 건강 영역
- **활용학년** : 초등 저·중학년
- **게임형태** : 4~6명씩 한 모둠으로 구성
- **준비물** : 3~4m 정도의 줄 또는 줄넘기

🖋 활동 방법

Step 1

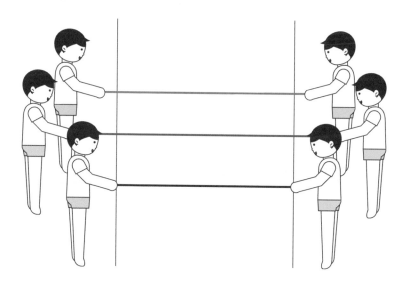

❶ 상대편 모둠이 줄을 다양한 높이로 잡고 선다.

❷ 모둠원 중 한 명은 높이를 확인한 후 안대를 착용한다.

❸ 안대를 착용한 모둠원은 다른 모둠원의 안내에 따라 모든 줄을 걸리지 않고 통과해야 한다.

Step 2

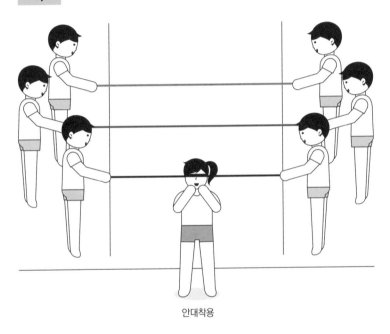

안대착용

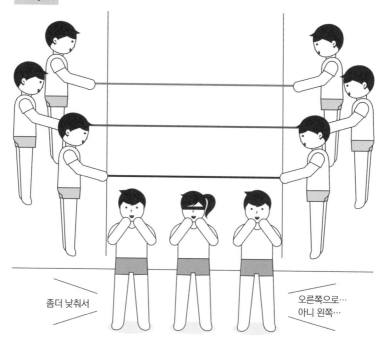

좀더 낮춰서

오른쪽으로…
아니 왼쪽…

🎮 변형 게임

모둠원들의 안내와 도움 없이 혼자 줄 위치를 기억해내어 통과해 본다.

❗ 주의할 점

출발하기 전 줄의 위치를 확인하며, 줄을 잡은 친구들은 줄이 움직이지 않도록 고정한다.

기차 조종사

'기차 조종사' 놀이는 다른 모둠이 만든 장애물을 피해 이동하는 게임입니다.

- **해당영역** : 도전 영역
- **활용학년** : 초등 저학년
- **게임형태** : 전체를 두 모둠으로 구성
- **준비물** : 없음

✎ 활동 방법

Step 1

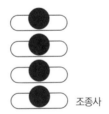

조종사

❶ 일렬로 선 모둠은 기차가 되고, 맨 뒷사람은 조종사 역할을 맡는다.

❷ 다른 모둠은 기차가 이동하는 위치에 지나갈 수 있는 공간을 남겨두고 앉는다.

❸ 조종사를 제외한 모든 모둠원들은 눈을 감고 맨 뒤의 조종사 안내만 듣고 이동한다.

Step 2

조종사

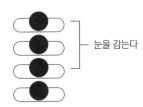

눈을 감는다

Step 4

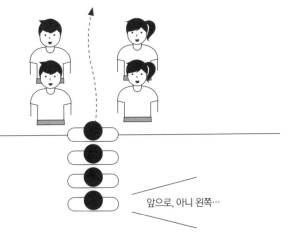

앞으로, 아니 왼쪽…

🎮 변형 게임

❶ 상대편 모둠원은 양팔을 벌린 상태로 앉아 있고, 기차는 그 사이를 조심스럽게 이동 한다.

❷ 상대편 모둠원은 양 팔과 다리를 함께 벌린 상태로 서 있고, 기차는 그 사이를 이동 한다.

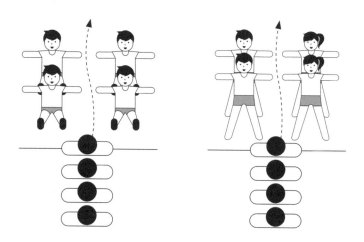

❗ 주의할 점

기차의 맨 뒤 친구를 제외하고 다른 학생들은 말을 하지 않는다.

가사 찾아 노래 부르기

이 놀이는 가사가 적힌 카드를 찾아서 칠판에 순서대로 붙이고
노래를 부르는 게임입니다.

- **해당영역** : 표현 영역
- **활용학년** : 초등 저·중·고학년
- **게임형태** : 4~5명씩 한 모둠으로 구성
- **준비물** : 가사가 적힌 카드(가사는 노래 한 곡에서 발췌)

✎ 활동 방법

Step 1

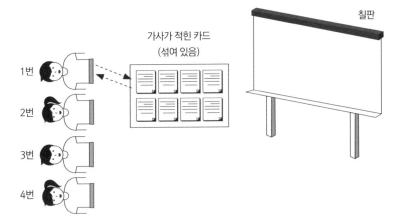

❶ 학생들은 교사가 섞어 놓은 가사 카드를 한 번씩 보고 제자리로 돌아온다.

❷ 첫 번째 학생부터 차례로 나와 가사 순서에 맞는 카드를 찾고 칠판에 붙인다.

❗ 주의할 점

모둠원들은 가사를 서로에게 알려주면 안 되며, 가사를 잘못 찾은 학생은 카드를 그대로 놓고 제자리로 돌아와야 한다.

Step 2

번개처럼
움직여요

축구경기에서 보면 공격수는 상대 수비를 재빨리 피해가며 공격하는 것이 중요합니다. 이처럼 순간적인 판단력과 재빨리 피할 수 있는 순발력, 민첩성은 체력의 향상과 더불어 우리 아이들의 뇌 발달에도 도움을 가져옵니다.

갓난 아이가 쉬지 않고 움직이는 반사 작용을 통해 감각과 신경이 발달하듯 지속적인 움직임은 우리 아이들의 신경, 감각 그리고 뇌 발달에 도움을 줄 것입니다.

체육놀이 살펴보기

놀이 1 생쥐와 고양이

놀이 2 21세기 장치기 놀이

놀이 3 고지탈환

놀이 4 순간의 찰나

놀이 5 두루미 얼음땡

생쥐와 고양이

'생쥐와 고양이' 놀이는 학생들이 각각 생쥐와 고양이가 되어 서로 쫓고 쫓기는 게임입니다. 교실과 체육관에서 각각 다른 버전으로 게임을 진행할 수 있습니다.

- **해당영역** : 전 영역
- **활용학년** : 유아, 초등 저·중·고학년
- **게임형태** : 전체
- **준비물** : 없음

✎ 교실 활동 방법

교실에서는 공간이 협소하므로, 달려 나가는 공간을 최대한 좁혀서 게임을 진행합니다.

Step 1

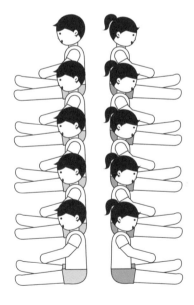

❶ 두 모둠이 짝을 이뤄 등을 대고 앉는다.

❷ 생쥐와 고양이 역할을 정한 뒤 교사가 '생쥐!' 나 '고양이!'를 외치면 해당하는 모둠은 빨리 도망간다.

Step 2

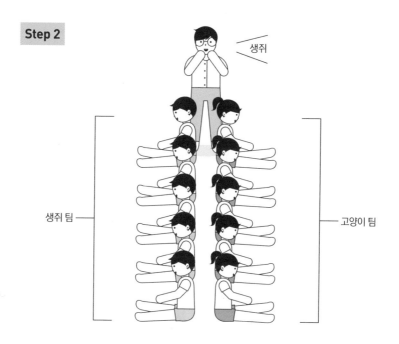

생쥐

생쥐 팀

고양이 팀

✏ 체육관 활동 방법

체육관에서는 공간이 넓으므로, 최대한 멀리 달려갈 수 있도록 게임을 진행합니다.

❶ 두 모둠이 마주보고 가위, 바위, 보를 한다.

❷ 진 모둠원은 고양이 역할을 하고, 이긴 모둠원은 생쥐 역할을 한다.

❸ 이긴 학생이 진 학생을 잡으면 이긴 학생이 1점을 얻고 진 학생이 안전 구역까지 도망가면 진 학생이 1점을 얻는다.

❹ 점수를 얻은 모둠원은 해당하는 점수판에 점수를 기록한다.

Step 1

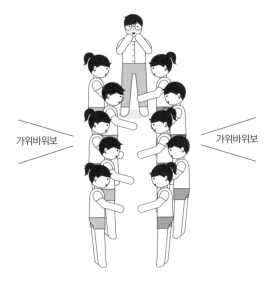

가위바위보   가위바위보

Step 2

이긴 모둠원 : 생쥐   진 모둠원 : 고양이

Step 3

안전구역   안전구역

21세기 장치기 놀이

'21세기 장치기 놀이'는 플로어 볼 스틱을 고리 안에 넣은 채 바닥에서 움직이며 이동하는 게임입니다.

- **해당영역** : 경쟁영역
- **활용학년** : 초등 중·고학년
- **게임형태** : 전체를 두 모둠으로 구성
- **준비물** : 플로어 볼 스틱, 플라스틱 고리, 미니 골대

✏️ 활동 방법

`Step 1`

4번 3번 2번 1번

반환점

4번 3번 2번 1번

반환점

❶ 신문지로 만든 채(스틱)를 들고 각 모둠별로 출발선에 선다.

❷ 신문지로 만든 채(스틱)를 갖고 풍선을 굴려 반환점 돌아오기 릴레이를 한다.

❸ 차례대로 마지막 주자까지 먼저 돌아온 모둠이 승리한다.

❗ 주의할 점

스틱은 연성의 플라스틱 재질로 만들어져 있어서 매우 가벼우며 위험요인이 적다는 것이 특징이다. 그러나 학생의 안전사고 예방을 위해 크게 휘두르는 등의 과격한 플레이를 하지 않도록 하며, 스틱을 들어 올리지 않고 블레이드(스틱 아래에 공이 닿는 면)는 바닥에 내려놓고 이동할 수 있도록 지도한다.

Step 2

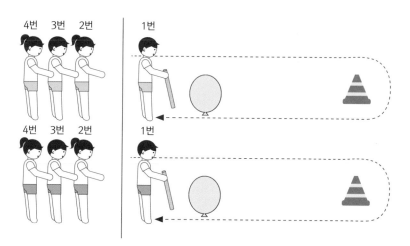

고지탈환

'고지탈환' 놀이는 수비의 벽을 뚫고 빈 공간을 찾아 빠르게 달려서 목적지까지 안전하게 도착하는 게임입니다.

- **해당영역** : 건강 영역
- **활용학년** : 초등 고학년, 중등
- **게임형태** : 전원을 두 모둠으로 구성
- **준비물** : 접시콘

✎ 활동 방법

Step 1

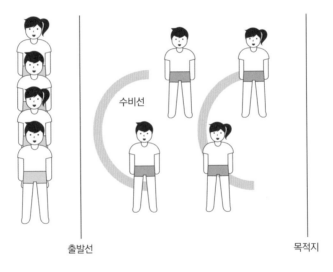

❶ 공격수는 출발선에 서고, 수비수는 수비 선에 선다.

❷ 공격수는 수비벽을 뚫고 한 칸, 한 칸씩 전진하여 목적지에 도달해야 한다.

❸ 공격수는 수비수의 몸에 어떤 부위도 닿지 않고 목적지까지 도달해야 승리한다. 같은 모둠끼리 동시에 움직여야 상대팀의 수비벽을 뚫기가 쉽다.

Step 2

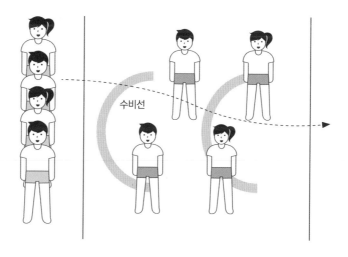

수비선

순간의 찰나

이 게임은 막대기가 쓰러지기 전에 빠르게 잡는 활동으로 순발력을 기를 수 있는
놀이입니다.

- **해당영역** : 건강 영역
- **활용학년** : 초등 고학년, 중등
- **게임형태** : 4~6명씩 모둠 구성
- **준비물** : 굵기와 길이가 같은 막대기 4~6개, 청 테이프

✎ 활동 방법

Step 1

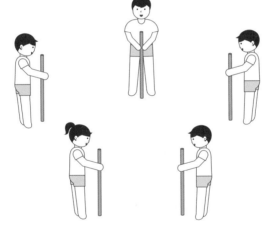

❶ 모둠원은 막대기를 바닥에 직각으로 세워 놓는다.

❷ 신호에 맞추어 자신의 막대기는 그대로 두고 상대방 쪽에 있는 막대기가
쓰러지기 전에 잡으러 간다.

❸ 실패하지 않고 가장 많이 이동한 모둠이 승리한다.

Step 2

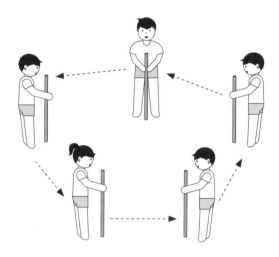

🎮 변형 게임

다른 모둠원끼리 번갈아 서서 게임을 진행하며, 막대기 잡기에 실패한 모둠원은 아웃이 되어 최후에 남는 모둠이 승리한다.

❗ 주의할 점

막대기는 항상 수직을 유지한 채 이동하며 이동하기 전 기울어지지 않도록 한다.

두루미 얼음땡

'두루미 얼음땡' 놀이는 한 명의 학생이 '사냥꾼'이 되고, 다른 학생들은 '두루미'가 되어 사냥꾼인 술래가 두루미인 학생들을 모두 잡으면 종료되는 게임입니다.

- **해당영역** : 건강 영역
- **활용학년** : 유, 초등 저·중학년

- **게임형태** : 한 명의 술래(사냥꾼)를 제외하고 모두 두루미 역할
- **준비물** : 호루라기, 청 테이프

✎ 활동 방법

Step 1

사냥꾼

두루미

❶ 가위, 바위, 보를 통해 두루미와 사냥꾼을 정한다.

❷ 두루미가 된 학생들은 한 발로 서서 도망 다니고, 한 명은 사냥꾼(술래)이 되어 두루미를 잡으러 다닌다.

❸ 사냥꾼에게 잡힐 위험에 처한 두루미들은 '얼음!'을 외친다.

❹ 얼음 상태가 된 두루미는 다른 두루미가 와서 '땡!'을 외치며 신체를 터치하면 움직일 수 있게 된다.

🎮 변형 게임

사냥꾼이 두 발로 뛸 때, 너무 빠른 경우에는 사냥꾼도 한 발만 사용하여 게임에 참여한다.

❗ 주의할 점

❶ 계속 한 발로 뛰는 것이 힘들면 교대로 발을 바꾸어 뛸 수 있다.

❷ 저학년의 경우, 상대적으로 한 발로 뛰기가 어려울 수 있으므로 3걸음에 한 번씩 발을 바꾸어 한 발 뛰기로 진행하면 좋다.

미션 임파서블

과제와 목표가 있다면 누구나 더 노력하고 적극적으로 참여하려는 자발성이 증대됩니다(Ryan & Deci, 1991). 자신에게 주어진 미션이 무엇인지 알고 배우는 것과 아무것도 모르는 상태에서 배우는 것은 큰 차이를 보여주기 때문입니다.

처음엔 어려워 보이는 목표가 있지만, 서로 협력하여 끝까지 해내려는 인내심과 그것을 달성했을 때 느끼는 성취감을 경험하는 것이 매우 중요한 교육이라 할 수 있습니다.

체육놀이 살펴보기

놀이 1 미션 임파서블

놀이 2 긴 줄과 공

놀이 3 후프 고리

놀이 4 콩 릴레이

미션 임파서블

'미션 임파서블' 놀이는 움직이는 줄을 피해 재빠르게 이동하여 유연성과 민첩성을 길러
줄 수 있는 게임입니다.

- **해당영역** : 건강 영역
- **활용학년** : 초등 고학년, 중등
- **게임형태** : 4~6명씩 한 모둠으로 구성
- **준비물** : 약 7~10m의 줄(2~3개), 색 테이프

✎ 활동 방법

Step 1

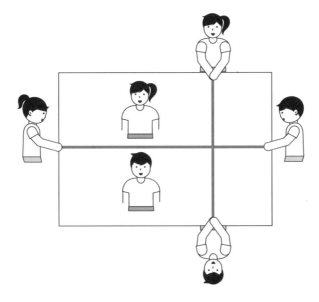

❶ 모둠원들이 줄의 양끝을 잡고 구역의 4면에 각각 선다.

❷ 출발 신호에 맞춰 줄을 잡은 학생들은 좌, 우로 이동한다.

❸ 줄을 잡은 두 모둠원이 동시에 같은 방향으로 움직이고, 구역 안에 있는 학생들은 움직이는 줄을 피해 돌아다닌다.

TIP

1 줄을 잡은 모둠원들은 나오는 음악에 맞춰 움직이는 속도를 조절한다.

2 음악을 선정할 때에는 '유튜브'에서 '느린 음악', '빠른 음악', '중간 음악' 등으로 검색하여 재생하도록 한다.

Step 2

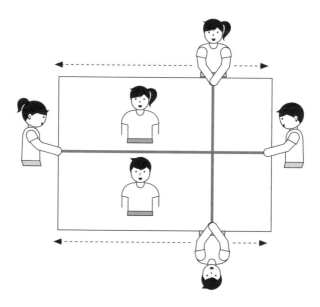

🎮 변형 게임

학생 수를 늘려서 진행해 본다. 사면에 들어가는 인원을 늘리면 더욱 박진감 넘치는 게임으로 진행해볼 수 있다.

❗ 주의할 점

❶ 줄을 잡은 모둠원은 모서리에서만 줄의 높이를 변경할 수 있다.

❷ 줄을 잡은 모둠원은 출발할 때의 높이와 방향을 그대로 유지하며 움직여야 한다.

긴 줄과 공

'긴 줄과 공' 게임은 두 명의 학생이 긴 줄 양끝을 잡고 크게 돌리며, 한 명은 공을 던지는 놀이입니다. 모둠원이 긴 줄 속으로 들어갔다가 공을 주고받은 후 나가는 게임으로 단합심과 협동심을 기를 수 있습니다.

- **해당영역** : 건강 영역
- **활용학년** : 초등 고학년, 중등
- **게임형태** : 5~8명씩 한 모둠으로 구성
- **준비물** : 긴 줄(약 10~15m) 2개, 배구공 2개

✎ 활동 방법

Step 1

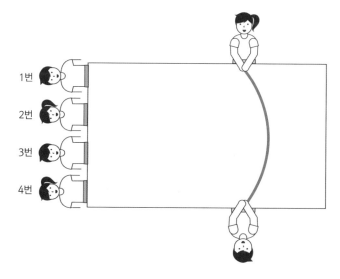

❶ 두 명의 학생이 긴 줄의 양끝을 잡고 크게 돌린다.

❷ 한 명씩 차례대로 긴 줄 속으로 뛰어 들어간다.

❸ 줄 밖에서 공을 가진 학생이 줄 속에서 뛰는 학생과 공을 주고받는다.

❹ 공 주고 받기가 끝난 학생은 줄 밖으로 나가고, 다음 학생이 줄 속으로 뛰어 들어가서 공을 주고받는다.

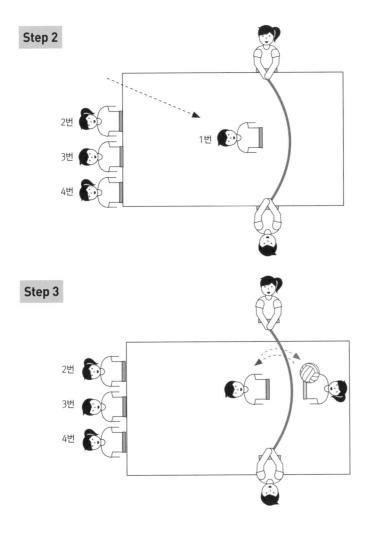

Step 4

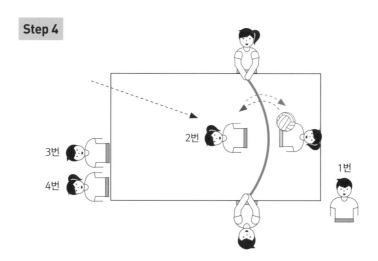

🎮 변형 게임

여러 명이 동시에 줄 속에 뛰어 들어가서 한 명씩 차례로 공을 주고받은 후 나간다.

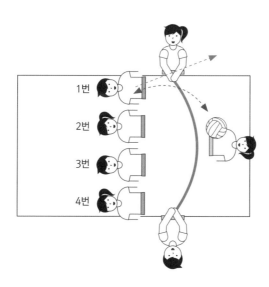

후프 고리

'후프 고리' 놀이는 몸의 유연성을 이용하여 훌라후프를 빠르게 이동시키는 게임입니다.

- **해당영역** : 건강 영역
- **활용학년** : 초등 저학년
- **게임형태** : 4~7명씩 한 모둠으로 구성
- **준비물** : 훌라후프

✎ 활동 방법

Step 1

❶ 한 모둠이 나와서 서로 손을 잡고 원형으로 선다.

❷ 학생들은 훌라후프 하나를 손목에 걸어놓고 시작 신호를 기다린다.

❸ 모둠의 학생들은 손을 잡은 상태에서 몸을 움직여 훌라후프를 한 바퀴 이동시킨다.

Step 2

Step 3

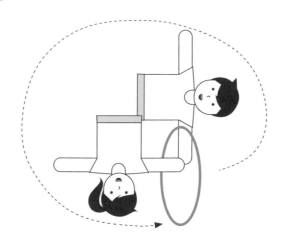

🎮 변형 게임

모둠이 일렬로 손을 잡고 서서 여러 개의 훌라후프를 최대한 빠르게 이동시킨다.

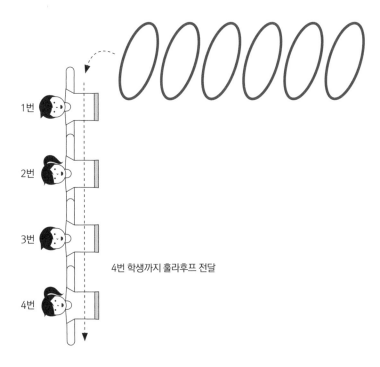

4번 학생까지 훌라후프 전달

콩 릴레이

'콩 릴레이' 놀이는 훌라후프 안에 놓여있는 콩주머니를 다른 훌라후프로 옮기고 돌아오는 릴레이 게임입니다.

- **해당영역** : 건강, 도전 영역
- **활용학년** : 초등 저·중·고학년
- **게임형태** : 4~6명씩 한 모둠으로 구성
- **준비물** : 콩 주머니, 훌라후프 4개, 라바콘 2개

✎ 활동 방법

Step 1

❶ 두 모둠으로 나누어 출발선에 일렬로 선다.

❷ 일정한 간격(5~10m)으로 훌라후프 2개를 놓고 출발선과 가까운 훌라후프 안에 콩주머니를 2개 놓는다.

❸ 주자가 달려가 훌라후프 안에 있는 콩주머니 2개를 다른 훌라후프로 옮겨 놓는다.

❹ 콩주머니를 다 옮겨 놓은 주자는 반환점을 돌아 출발선까지 와서 다음 주자와 교대한다.

❺ 다음 주자는 뒤에 있는 훌라후프 속의 콩주머니를 앞의 훌라후프에 옮겨 놓고 반환점을 돌아온다.

Step 2

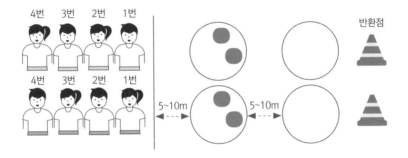

Step 3

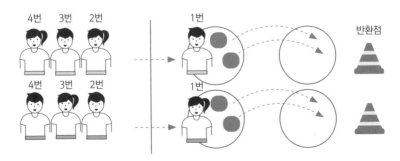

Step 4

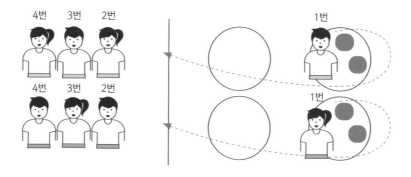

Step 5

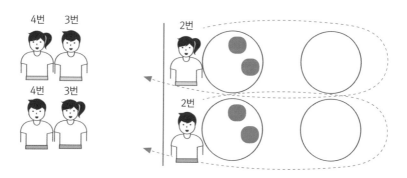

❶ 주의할 점

콩 주머니는 한 번에 한 개씩 집도록 하며, 훌라후프 안에 놓을 땐 던지지 않도록 한다.

협동하며 도전하는
재미있는 게임

도전활동은 개인의 신체적 수월성과 타인의 신체적 기량에 도전하면서 자신의 잠재력을 발견하고, 한계를 능동적으로 도전할 수 있는 능력 계발에 초점을 둡니다. 도전활동은 도전의 대상을 기준으로 하여 기록 도전, 동작 도전, 거리 도전, 표적 및 투기 도전으로 구분합니다.

학생들에게 도전정신을 키워주기 위해서는 자신이 수행할 수 있는 신체활동으로부터 점차적으로 난이도를 높여 끈기를 갖고 도전할 수 있는 기회를 제공해 주어야 합니다. 이를 위해서는 학생들의 발달특성에 적절한 다양한 신체활동은 물론 흥미를 제공할 수 있는 창의적인 학습 환경과 장비를 마련해야 합니다. 그럼 이번 시간에는 도전정신을 이끌어낼 수 있는 놀이를 소개해 보겠습니다.

체육놀이 살펴보기

놀이 1 **협동 제자리 멀리 뛰기**

놀이 2 **협동 십자뛰기**

놀이 3 **모두 모두 다리 벌려**

놀이 4 **로켓볼 점수 더하기**

협동 제자리 멀리뛰기

이 게임은 모둠별로 제자리 멀리뛰기와 크로스 홉을 하며 뛴 거리나 횟수를 합산하는
게임입니다.

- **해당영역** : 도전 영역
- **활용학년** : 초등 저·중학년
- **게임형태** : 4~7명씩 한 모둠으로 구성
- **준비물** : 접시콘, 줄자(10m 이상)

✎ 활동 방법

Step 1

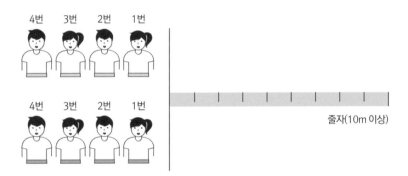

❶ 4~7명씩 구성된 두, 세 모둠이 출발선에 일렬로 선다.

❷ 각 모둠의 첫 번째 학생이 제자리에서 멀리뛰기를 한다.

❸ 첫 번째 학생이 착지한 발뒤꿈치 거리를 측정한다.

❹ 두 번째 학생은 첫 번째 학생이 착지한 거리에서 다시 제자리 멀리뛰기를 한다.

❺ 마지막 순서의 학생까지 차례로 앞의 학생이 착지한 거리에서 제자리 멀리뛰기를 한다.

❻ 최종적으로 가장 멀리 뛴 모둠이 승리한다.

Step 2

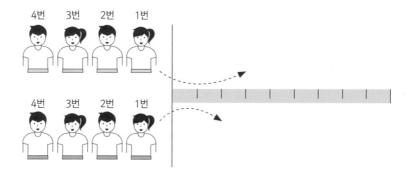

Step 3

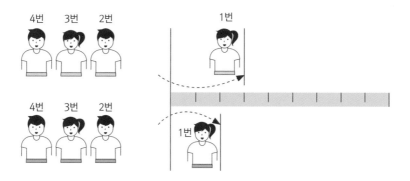

Step 4

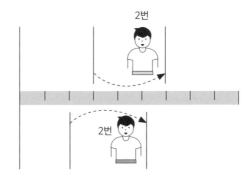

Step 5

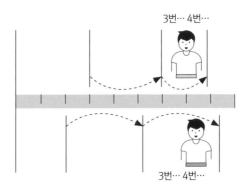

Step 6

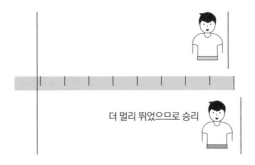

🎮 변형 게임

❶ 모둠원들이 뛴 거리를 표시해 놓고 모든 모둠원이 뛴 후 최종 거리를 어림해 보고 줄자를 이용하여 정확한 길이를 읽어보는 활동도 수학과와 재구성할 수 있다. (허 승희 선생님)

❷ 팀원 한 명 당 15초의 시간이 주어지며, 시간 동안의 뛴 횟수를 측정할 수도 있다.

❗ 주의할 점

모둠원 모두가 최선을 다해서 뛰어야 모둠이 더 좋은 기록을 세울 수 있다는 것을 안내한다.

협동 십자 뛰기

모둠별로 십자 뛰기를 하며 뛴 거리나 횟수를 합산하는 게임입니다.

- **해당영역** : 도전 영역
- **활용학년** : 초등 저·중학년
- **게임형태** : 4~7명씩 한 모둠으로 구성
- **준비물** : 숫자가 적힌 크로스 점핑 매트 또는 색 테이프

✎ 활동 방법

Step 1

❶ 숫자가 적힌 십자 모양의 크로스 점핑 매트를 설치한 후 각 모둠이 출발선에 일렬로 선다.

❷ 첫 번째 학생이 크로스 점핑 매트의 가운데 0번 구역에서 대기하고 있다가 교사의 출발 신호에 맞춰 번호 순서로 점프한다.

❸ 각각의 학생이 뛴 시간을 합산한 후 시간이 적게 소요된 모둠이 승리한다.

❗ 주의할 점

두 발이 정확히 해당 숫자판 안에 착지해야 하며, 라인을 밟지 않도록 주의한다.

Step 2

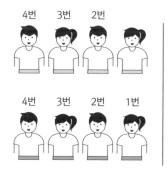

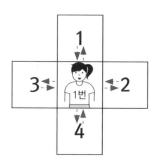

모두 모두 다리 벌려

이 놀이는 정해진 거리를 모둠원들이 다리를 벌리면서 빨리 결승점에 도달하는
게임입니다.

- **해당영역** : 도전 영역
- **활용학년** : 유, 초등, 저·중·고학년
- **게임형태** : 5~7명씩 한 모둠으로 구성
- **준비물** : 청 테이프

✎ 활동 방법

| Step 1 |

칠판

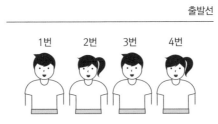

출발선

① 모둠원이 차례로 출발선에 선 후 첫 번째 학생이 최종 지점(칠판)을 향해
양쪽 다리를 벌린다.

② 다음 모둠원은 한 발을 바로 앞 학생의 한쪽 발에 닿은 채 양쪽 다리를
벌린다.

③ 마지막 모둠원은 다리를 벌린 채 모둠의 이름을 칠판에 적은 후 모둠원
들과 함께 출발선으로 돌아간다.

Step 2	Step 3

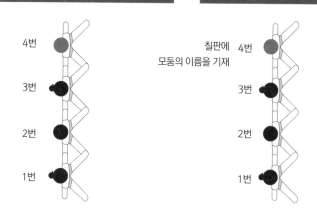

🎮 변형 게임

❶ 일직선이 아닌 V자 모양으로(지그재그로) 다리를 벌리면서 게임을 진행할 수도 있다.

❷ 접시콘 바깥쪽으로 돌아서 가도록 규칙을 변형하여 진행할 수 있다.

❸ 'ㄷ', 'ㄹ' 자 등 다양한 모양으로 다리를 벌리며 진행할 수 있다.

ⓘ 주의할 점

무리가 가지 않을 만큼만 다리를 벌리고, 활동 전 스트레칭 시간을 충분한 갖는다.

로켓볼 점수 더하기

정해진 거리에서 로켓볼을 던져 매트 위에 정확하게 떨어뜨리는 게임입니다.

- **해당영역** : 도전 영역
- **활용학년** : 초등 중·고학년
- **게임형태** : 5~7명씩 한 모둠으로 구성
- **준비물** : 로켓볼, 훌라후프

✎ 활동 방법

Step 1

❶ 두 모둠으로 나누어 로켓볼을 들고 출발선에 선다.

❷ 정해진 거리에서 로켓볼을 던져 장애물을 지나 훌라후프 안에 정확히 들어가면 점수를 획득한다.

⚠ 주의할 점

❶ 로켓볼이 훌라후프 안에 들어갔다가 튕겨나간 경우도 점수를 얻는다.

❷ 로켓볼이 훌라후프 밖에 한 번 맞고 안으로 들어간 경우는 점수로 인정하지 않는다.

Step 2

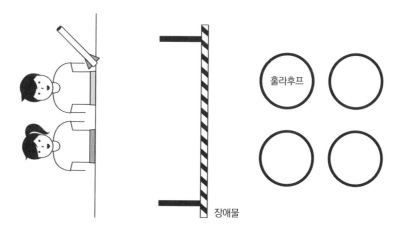

친구와 함께
달리며 놀아요!

유소년들이 하루 종일 움직이고 뛰는 양은 웬만한 운동선수보다 많다고 합니다. 체력적으로 무척 힘들텐데도 아이들은 쉬지 않고 웃고 뛰는 것을 보면 그만큼 건강하고 혈액순환도 좋다는 것을 의미합니다.

이번 시간에는 뛰고 노는 것을 좋아하는 우리 아이들이 미세먼지나 날씨, 공간의 제약을 뛰어넘어 언제 어디서도 놀 수 있는 게임을 소개해 보겠습니다.

체육놀이 살펴보기

놀이 1 접시콘 빙고

놀이 2 지렁이 달리기

놀이 3 주사위를 던져라

놀이 4 교실 추격전

접시콘 빙고

'접시콘 빙고' 놀이는 같은 팀 친구들과 번갈아 왔다 갔다 하면서 우리 팀 조끼를 접시콘 위에 놓거나 상대팀 조끼를 이동시켜 가며 빙고를 진행하는 게임입니다.

- **해당영역** : 도전 영역
- **활용학년** : 초등 중·고학년, 중등
- **게임형태** : 5명씩 한 모둠으로 구성
- **준비물** : 팀 조끼 10개, 접시콘 25개

🖊 활동 방법

Step 1

❶ 두 모둠으로 나누어 출발선에 일렬로 선다.

❷ 각 팀의 주자는 팀 조끼를 들고 달려가 접시콘 위에 두고 돌아온다.

❸ 팀 조끼로 한 줄을 먼저 만든 팀이 게임에서 승리한다.

❹ 팀 조끼를 모두 사용한 후에는 접시콘 위에 놓여 있는 우리 팀과 상대팀 조끼를 자유롭게 옮길 수 있다.

❺ 팀 조끼를 모두 사용하여 한 줄을 먼저 만든 팀이 승리한다.

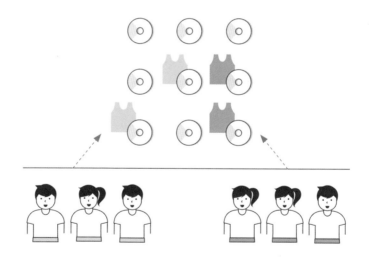

Step 2

Step 3

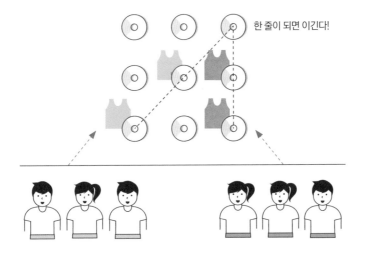

한 줄이 되면 이긴다!

Step 4

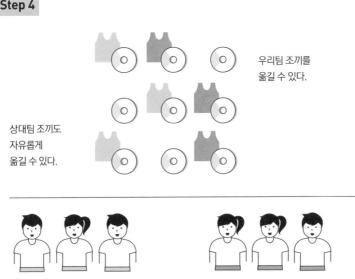

우리팀 조끼를
옮길 수 있다.

상대팀 조끼도
자유롭게
옮길 수 있다.

❗ 주의할 점

① 한 번에 한 벌의 조끼만 옮길 수 있다.

② 각 팀의 주자는 나갔다가 돌아오는 주자와 터치를 한 후에 출발할 수 있다.

③ 팀 조끼를 모두 사용한 후에는 접시콘 위에 놓여 있는 우리 팀과 상대팀 조끼를 자유롭게 옮길 수 있다.

④ 팀조끼를 정확한 위치에 놓아야 혼돈 없이 게임을 진행할 수 있다.

🎮 변형 게임

① 3목으로 시작하여 학생들이 게임에 익숙해지면 5목으로도 경기를 진행할 수 있다.

② 접시콘 대신 훌라후프를 사용하면 더욱 재미있다.

지렁이 달리기

'지렁이 달리기 게임'은 정해진 거리를 모둠원들이 장애물이 되어 달리며
빨리 결승점에 도달하는 게임입니다.

- **해당영역** : 도전영역
- **활용학년** : 초등 저·중·고학년, 중등
- **게임형태** : 5~10명씩 한 모둠으로 구성
- **준비물** : 라바콘 2개

✎ 활동 방법

Step 1

반환점

Step 2

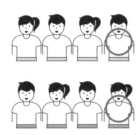

❶ 두 모둠이 팀을 나누어 출발선 앞에 선다.

❷ 먼저 첫 번째 주자가 앞으로 약 1m 정도 달려가 양팔을 벌려 선다.

❸ 다음 주자는 첫 번째 주자의 옆을 통과한 후 1m 간격으로 양팔을 벌려 선다.

❹ 나머지 주자들도 앞선 주자의 옆을 S자 형태로 통과한 후, 1m 간격으로 양팔을 벌려 선다.

❺ 팀원들이 모두 양팔을 벌려 선 후에는 첫 번째 나갔던 주자부터 지그재그로 모둠원 모두를 통과한 다음 반환점을 돌아 다시 지그재그로 모둠원들을 통과해 출발선으로 돌아온다.

❻ 모든 팀원이 먼저 도착하는 팀이 승리한다.

Step 3

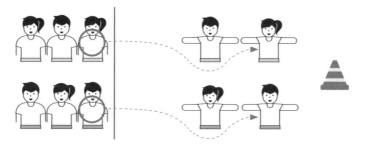

Step 4

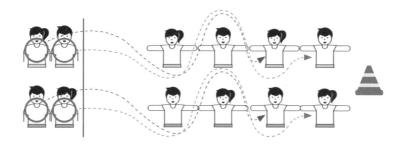

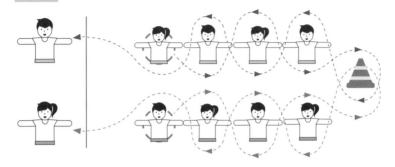

❗ 주의할 점

① 다시 출발선으로 돌아갈 때에는 앞의 모둠원이 반환점을 돌아 자신을 지나쳐 갈 때 출발하도록 한다.

② 팀원들이 모두 양팔을 벌려 선 후에는 첫 번째 나갔던 주자부터 지그재그로 모둠원 모두를 통과한 다음 반환점을 돌아 다시 지그재그로 모둠원들을 통과해 출발선으로 돌아온다.

🎮 변형 게임 1

일정한 간격으로 콘을 세워두고 각 주자들은 지그재그로 달렸다가 돌아온다.

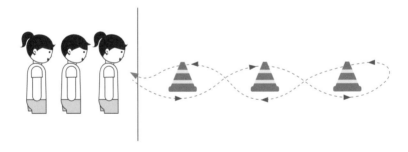

🎮 변형 게임 2

콘의 위치를 첫 번째 보다 더 벌려서 두고, 지그재그로 방향을 바꾸며 나갔다가 곧바로 돌아온다.

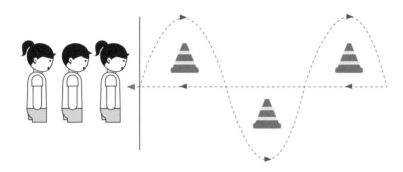

🎮 변형 게임 3

콘의 위치를 첫 번째 보다 더 벌려서 두고, 지그재그로 방향을 바꾸며 나갔다가 곧바로 돌아온다.

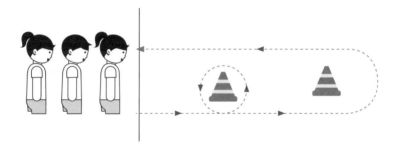

주사위를 던져라

창의 주사위를 던져 나온 숫자를 사칙연산으로 계산하여 나온 개수만큼 콩주머니를
가져오는 게임입니다.

- **해당영역** : 도전 영역
- **활용학년** : 초등 저·중·고학년, 중등
- **게임형태** : 5~7명씩 한 모둠으로 구성
- **준비물** : 창의 주사위, 콩주머니

✎ 활동 방법

Step 1

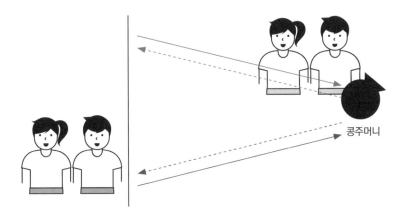

콩주머니

❶ 두 팀으로 나누어 출발선에 선 후, 창의 주사위를 던져 파란색 주사위와 빨간색 주사위의 숫자를 더한다.

❷ 파란색 주사위와 빨간색 주사위를 더한 숫자만큼 콩주머니를 가져온다.

❸ 경기를 먼저 끝낸 모둠에게 1점을 주고, 모둠별로 가져온 콩주머니를 세서 가장 많은 모둠에게도 1점을 준다.

❹ 상대팀보다 더 빨리 들어오고 콩주머니의 개수도 많으면 2점을 획득할 수 있다.

❗ 주의할 점

창의 주사위의 숫자와 활동을 정확히 확인한 후 달려가도록 한다.

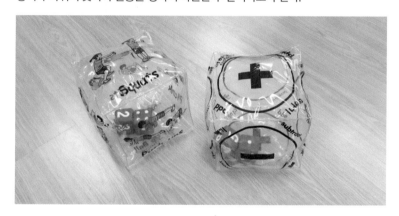

🎮 변형 게임

Step 1

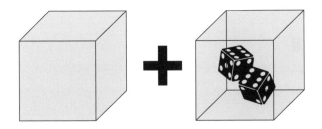

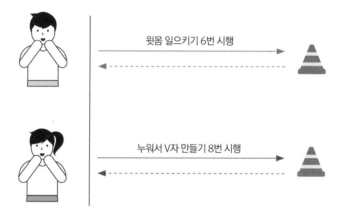

윗몸 일으키기 6번 시행

누워서 V자 만들기 8번 시행

❶ 창의 주사위의 파란색과 빨간색 주사위를 더한 숫자만큼 창의 주사위 겉면에 있는 활동(스쿼트, 윗몸 일으키기, 팔굽혀 펴기 등)을 완수하고 돌아오는 게임으로 변형할 수 있다.

❷ 해당 주자가 반환점으로 달려가서 제시된 활동을 창의 주사위에서 나온 숫자만큼 완수하고 돌아온다.

교실 추격전

머리 위에 지우개를 얹고 추격전을 함으로써 민첩성과 협동심을 기르는 게임입니다.

- **해당영역** : 도전 영역
- **활용학년** : 초등 저·중학년
- **게임형태** : 4~6명씩 한 모둠으로 구성
- **준비물** : 칠판 지우개 2개 또는 접시콘 2개

✎ 활동 방법

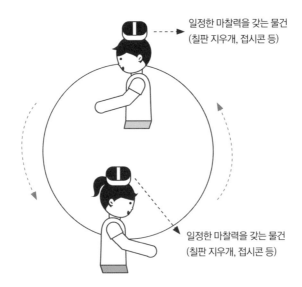

일정한 마찰력을 갖는 물건
(칠판 지우개, 접시콘 등)

일정한 마찰력을 갖는 물건
(칠판 지우개, 접시콘 등)

❶ 두 모둠으로 나누어 첫 번째 주자가 출발 자리에 서 있다가 출발 신호와 함께 선을 따라 한 바퀴 돈다.

❷ 한 바퀴를 돌고 그 다음 주자에게 머리 위에 있는 물건(칠판 지우개, 접시 콘 등)을 건네준다.

TIP

1 머리 위에 지우개가 아닌 책을 올려놓는다. 이 때, 학생들이 균형감각을 잡는데 신경 쓰도록 한다.

2 침묵 달리기로 약속하고 게임을 진행하면 더욱 즐거운 놀이가 된다.

❗ 주의할 점

❶ 다른 모둠의 친구를 터치할 때는 아프지 않게 살짝 터치한다.

❷ 다른 모둠의 친구가 너무 느리게 가면 그 친구를 터치하여 잡을 수 있다.

❸ 머리 위에 올려놓은 물건을 잡고 이동하지 않는다.

❹ 머리 위의 물건(칠판 지우개, 접시콘 등)을 떨어뜨린 경우, 다시 출발 자리로 돌아와서 시작한다.

협동하며 달리는 재미있는 게임

아이들과 게임이나 놀이를 하다보면 경쟁이 심해져 갈등으로 이어지기도 합니다. 적절한 경쟁도 필요하지만 서로 배려하는 마음으로 협동하고자 하는 마음이 더 중요하겠죠.

긍정적인 상호의존을 통해 협동심을 기르기 위해서는 공동의 목표를 향해 서로 협력해서 목표를 달성하려는 마음이 중요하다고 할 수 있습니다. 이 장에서는 모두가 힘을 합쳐 협동할 수 있는 놀이를 소개하고자 합니다.

체육놀이 살펴보기

놀이 1 쫓고 쫓기는 릴레이

놀이 2 금 모으기 게임

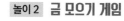

놀이 3 휴지를 들고 뛰어라

놀이 4 조심 조심 달려라

놀이 5 3, 3, 3 달리기

쫓고 쫓기는 릴레이

이 게임은 모둠별로 협동하여 이어달리기를 하는 게임입니다.

- **해당영역** : 도전 영역
- **활용학년** : 초등 저·중학년
- **게임형태** : 4~6명씩 한 모둠으로 구성
- **준비물** : 없음

✎ 활동 방법

Step 1

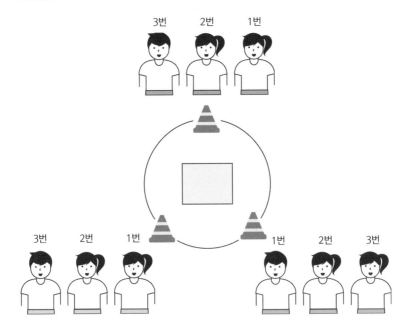

❶ 각 모둠별로 3곳의 출발점에 학생들이 나란히 선다.

❷ 각 모둠의 첫 번째 학생들이 바통을 쥐고 동시에 출발해 원을 한 바퀴 돈다.

❸ 다음 순서의 학생에게 바통을 전해주고 릴레이로 원을 돈다.

❹ 마지막 학생은 원을 한 바퀴 돈 후 원의 중앙에 바통을 놓는다.

❺ 바통을 원 중앙에 먼저 놓는 팀이 승리한다.

Step 2

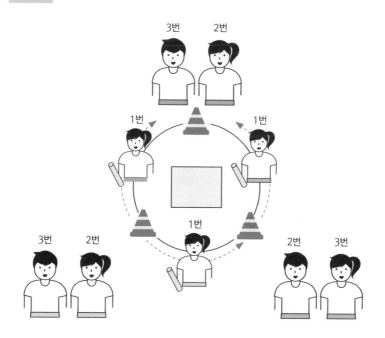

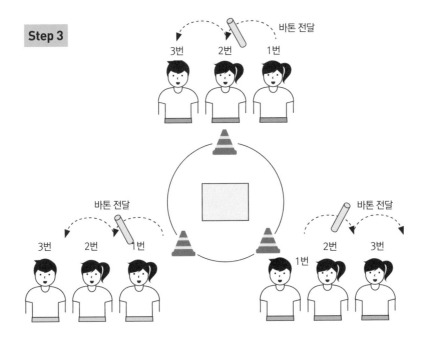

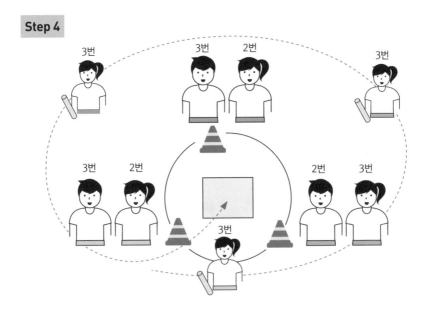

🎮 변형 게임

앞서 가는 상대팀의 학생을 터치한다. 터치 당하지 않고 마지막까지 남은 모둠이 승리한다.

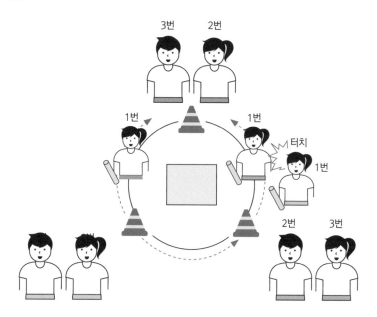

금 모으기 게임

훌라후프 안에 있는 콩주머니를 많이 옮기는 게임입니다.

- **해당영역** : 도전 영역
- **활용학년** : 초등 저·중학년
- **게임형태** : 4~6명씩 한 모둠으로 구성
- **준비물** : 훌라후프 4개, 콩주머니, 접시콘(영역 표시)

✎ 활동 방법

Step 1

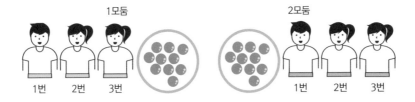

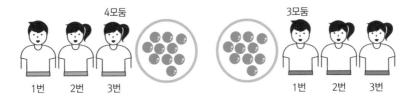

❶ 학생들을 4개의 모둠으로 나눈 후 각 홀라후프 안에 콩주머니를 10개씩 놓는다.

❷ 첫 번째 학생이 출발하여 다른 모둠의 콩주머니를 가져오면 다음 순서의 학생이 출발한다.

❸ 순서대로 모둠원 한 명씩 출발하여 다른 모둠의 홀라후프 안에 있는 콩주머니를 가져온다.

❹ 정해진 시간 안에 가장 많은 콩주머니를 가져 온 모둠이 승리한다. 만약 콩주머니 개수가 같으면 추가로 시간을 주어 게임을 연장 진행한다.

TIP

1 빠르게 이동하다가 서로 부딪히지 않도록 안전을 강조한다.

2 콩주머니를 대신 할 재료로 신문지 볼을 만들어 활동 후, 눈싸움 놀이로 즐길 수 있다.(오선영 선생님)

Step 2

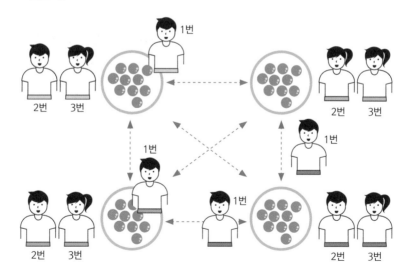

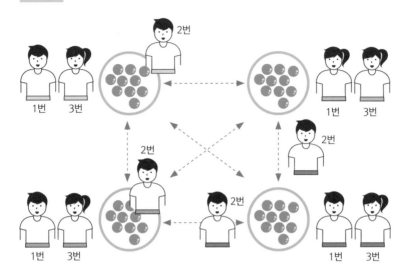

❗ 주의할 점

❶ 콩주머니를 던지면 안 되고 반드시 훌라
후프 안에 정확하게 내려놓아야 한다.

❷ 한 번에 한 개의 콩주머니만 가져올 수 있
다. 특정한 모둠만 두 번 이상 연달아서
갈 수 없다.

🎮 변형 게임: 두 모둠별 콩주머니 가져오기[6]

❶ 콩주머니를 훌라후프 안에 홀수로 넣는다. 4명이 1모둠이라면 15개 정도 넣는 것이 적당하다.

❷ 시작 전 모둠에서 순서를 정한다. (1번, 2번, 3번, 4번)

❸ 교사의 시작 휘슬에 맞춰 차례로 콩주머니를 하나씩 가져온다.

❹ 출발선에서 손 터치를 한 후 다음 주자가 출발한다.

❺ 마지막 콩주머니를 가져오는 모둠이 승리한다.

🎮 변형 게임 2

❶ 콩주머니를 가운데 훌라후프 안에 넣는다.

❷ 교사의 시작 신호에 한 명씩 한 개의 콩주머니를 가져오고 가운데 훌라후프에 콩주머니가 없으면 상대방 훌라후프에 있는 콩주머니를 가져온다.

❸ 3분 동안 가장 많은 콩주머니를 모은 모둠이 승리한다.

---

6 성동초 권혜경 선생님께서 제안해 주신 게임입니다.

휴지를 들고 뛰어라

이 게임은 휴지를 떨어뜨리지 않고 빨리 달리는 게임입니다.

- **해당영역** : 도전 영역
- **활용학년** : 유, 초등, 저·중·고학년
- **게임형태** : 5~6명씩 한 모둠으로 구성
- **준비물** : 각 티슈 5~6장 또는 A4 용지 5~6장, 라바콘

🖋 활동 방법

❶ 모둠원이 손바닥을 편 상태에서 휴지(또는 A4용지)를 떨어뜨리지 않고 반환점을 돌아온다.

❷ 마지막 순서의 학생까지 빨리 돌아온 팀이 승리한다.

🎮 변형 게임

휴지(또는 A4 용지)를 손바닥, 이마, 가슴 등 신체부위를 바꾸어 가며 게임을 한다.

놀이 4

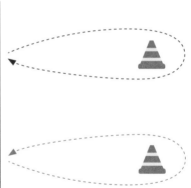

조심 조심 달려라

이 게임은 손바닥 위에 라켓을 세워 올리고 달리는 게임입니다.

- **해당영역** : 도전 영역
- **활용학년** : 초등 고학년, 중등
- **게임형태** : 4~5명당 한 모둠
- **준비물** : 배드민턴 라켓

✎ 활동 방법

Step 1

❶ 첫 번째 학생이 손바닥에 올려놓은 배드민턴 라켓이 떨어지지 않도록 조심조심 달리고, 반환점을 돌아와 다음 순서의 학생에게 라켓을 전달해 준다.

❷ 모든 모둠원들이 순서대로 이어 달려 출발선으로 먼저 돌아온 모둠이 승리한다.

Step 2

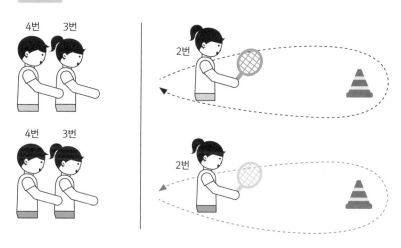

❶ 주의할 점

❶ 라켓이 기울어져서 손에 잡히거나 떨어졌을 때는 그 자리에서 멈추고 다시 라켓을 손바닥에 올려놓은 후 출발한다.

❷ 다음 순서의 학생과 교대할 때에는 라켓을 손으로 튕기듯이 전해주면 안 된다.

❸ 손바닥에 물건을 올려놓고 달릴 때는 손바닥을 약간 기울여서 달려야 잘 달릴 수 있다.

3, 3, 3 달리기

이 게임은 자신이 맡은 역할의 준비물을 들고 릴레이 경주를 하는 게임입니다.

- **해당영역** : 건강 영역
- **활용학년** : 유, 초등 저·중·고학년
- **게임형태** : 3명씩 한 모둠으로 구성
- **준비물** : A4 용지 3장, 접시콘 3개, (작은) 공 3개

✎ 활동 방법

Step 1

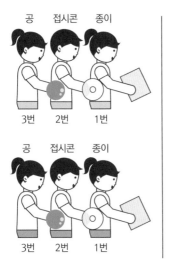

❶ 각 모둠원들은 출발선에 자신이 맡은 역할의 준비물(종이, 접시콘, 작은 공)을 들고 선다.

❷ 첫 번째 학생은 1번 지점에 종이를 올려놓고 반환점을 돌아온다.

❸ 두 번째 학생은 1번 지점의 종이를 들고 2번 지점으로 달려가 종이 위에 접시콘을 놓고 반환점을 돌아온다.

❹ 세 번째 학생은 2번 지점의 종이와 접시콘을 들고 3번 지점으로 달려가 종이 위에 접시콘과 공을 놓고 반환점을 돌아온다.

❺ 마지막 순서의 학생까지 먼저 돌아오는 팀이 승리한다.

Step 2

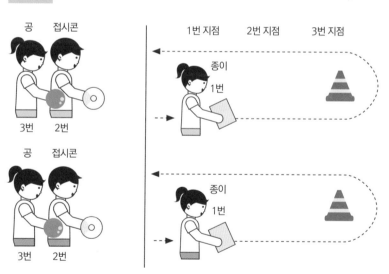

Step 3

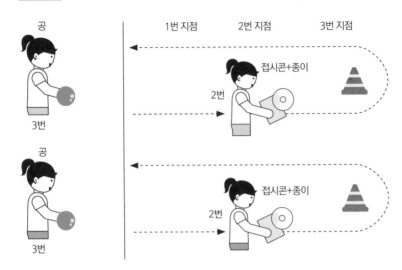

Step 4

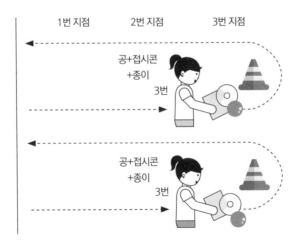

🎮 변형 게임

종이, 접시콘, 공을 달려가며 차례차례 쌓고, 역순으로 회수해오는 것까지 추가하여
게임을 진행할 수 있다.

천하장사 만세!

우리 전통놀이인 씨름은 점점 우리의 기억 속에 사려져 가고 있습니다. 제가 어릴 적에만 해도 명절에 씨름 경기를 보며 응원하던 모습이 생각납니다.

이번 장에서는 잊혀져가는 우리의 소중한 전통놀이 씨름을 되살리고 기억하는 차원에서 간단하지만 즐겁게 참여할 수 있는 씨름을 소개하고자 합니다.

체육놀이 살펴보기

놀이 1 교실 씨름

놀이 2 한 줄 씨름

놀이 3 모둠 씨름

놀이 4 밸런스 씨름

놀이 5 돼지 씨름 체스

교실 씨름

교실 씨름은 앉거나 일어서서 하는 씨름 활동입니다.

- **해당영역** : 도전 영역
- **활용학년** : 초등 저·중학년
- **게임형태** : 전체를 두 모둠으로 구성
- **준비물** : 없음

✎ 활동 방법 : 돼지 씨름

❶ 서로 마주보고 앉아서 손을 엇갈려 발목을 잡는다.

❷ 자신의 발만 사용하여 상대를 밀어 경기장 밖으로 내보내거나 넘어뜨린다.

✎ 활동 방법 : 선(서서 하는) 씨름

❶ 일어서서 오른쪽 발(또는 왼쪽 발)의 바깥쪽을 서로 붙인다.

❷ 오른손(또는 왼손)을 잡고 밀고 당기기를 반복한다. 발이 먼저 떨어진 학생이 지는 게임이다.

한 줄 씨름

줄을 이용해 상대방을 끌어당겨 고정된 발을 움직이도록 하는 게임입니다.

- **해당영역** : 도전 영역
- **활용학년** : 유, 초등 저·중·고학년
- **게임형태** : 전체를 두 모둠으로 구성
- **준비물** : 3~5m 정도의 굵은 줄

✎ 활동 방법

Step 1

❶ 친구와 세 발자국 정도의 거리를 두고 마주 선다.

❷ 2~3미터 정도 길이의 굵은 줄을 허리에 감고, 팽팽하게 당겨 준다.

❸ 서로 줄을 세게 당겼다가 놓으면서 상대방의 고정된 발을 움직이게 하면 이기는 게임이다.

❶ 주의할 점

❶ 앞 발은 고정시켜야 하지만 뒷 발은 자유롭게 움직일 수 있다.

❷ 고정된 앞 발이 떼어지거나 밀리면 지게 된다.

Step 2

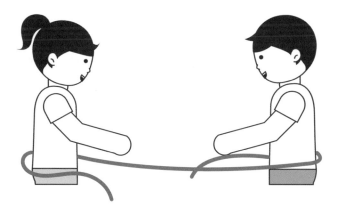

모둠 씨름

'모둠 씨름'은 모둠원 전체가 원을 만들어 협동하여 상대 모둠을 밀어내는 게임입니다.

- **해당영역** : 도전 영역
- **활용학년** : 초등 고학년, 중등
- **게임형태** : 5명을 한 모둠으로 구성
- **준비물** : 없음

✎ 활동 방법

Step 1

❶ 양쪽 모둠(4~6명)이 각각 서로 어깨동무를 하고 둥글게 선다. 경기는 원 안에서 이루어지며, 원에서 출발선까지의 거리는 약 5m 정도이다.

❷ 둥글게 어깨동무를 한 상태에서 출발 신호에 맞추어 원 안으로 달려 온다.

❸ 어깨동무를 풀지 않고 상대 모둠원을 원 밖으로 밀어내면 이기는 게임 이다.

Step 1-2

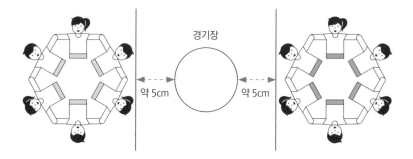

Step 2

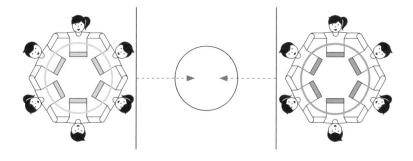

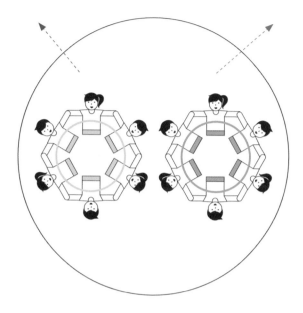

❶ 주의할 점

❶ 넘어지거나 밖으로 밀리면 게임이 종료되는 것이므로, 안전에 유의하여 다치지 않도록 한다.

❷ 각 팀이 출발선에서 둥글게 어깨동무를 하고, 원 안으로 달려가 상대 팀을 밀어낸다.

밸런스 씨름

이 게임은 자신의 균형은 잃지 않은 채로 상대방의 균형을 무너뜨리는 게임입니다.

- **해당영역** : 도전 영역
- **활용학년** : 초등 저·중학년
- **게임형태** : 5명을 한 모둠으로 구성
- **준비물** : 없음

✎ 활동 방법

Step 1

Step 2

❶ 세 명의 학생이 경기장으로 나와 마주보고 서서 한 쪽 발을 든다.

❷ 한 쪽 발을 들고 팔짱을 낀 채로 10초를 기다린다.

❸ 10초가 지나면 손을 사용하지 않고 상대방을 원 밖으로 밀어내거나 넘어 뜨린다.

❗ 주의할 점

❶ 경기 중 안전을 위해서는 천천히 움직이며 어깨만을 사용하여 상대방을 밀도록 한다.

❷ 팔꿈치로 인한 부상을 예방하기 위해 반드시 팔짱을 낀 상태로만 진행하도록 한다.

Step 3

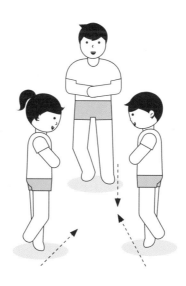

돼지 씨름 체스

체스 게임처럼 왕을 지키는 돼지 씨름 게임입니다.

- **해당영역** : 도전 영역
- **활용학년** : 초등 저·중학년
- **게임형태** : 전체를 두 모둠으로 구성
- **준비물** : 라바콘 4개

✎ 활동 방법

Step 1

❶ 각 팀에서 왕 역할을 할 팀원을 정한다.

❷ 왕을 제외하고는 모두 수비 역할을 담당한다. 수비는 공격 역할을 겸할 수 있다.

❸ 공격 역할을 하는 팀원들이 상대편 왕을 먼저 넘어뜨리거나 원 밖으로 밀어내면 이기는 경기이다.

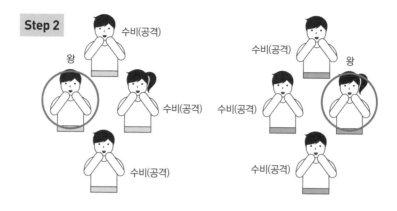

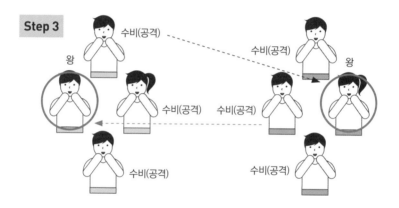

⚠ 주의할 점

❶ 상대팀 공격에 왕을 잘 수비하는 것도 중요하다.

❷ 손이 풀리거나 넘어진 팀원은 돼지우리로 들어가 1분간 기다린다. 단, 그 동안은 게임에 참여할 수 없다. (1분간 들어가는 '돼지우리'는 사각형으로 한다)

돼지우리

여학생도 행복한
축구형 게임

남학생들에게 축구는 누구나 좋아하고 즐기는 게임입니다. 그러나 여학생들은 가장 기피하는 운동이기도 합니다. 그 이유는 공을 다루는데 익숙지 않고 날아오는 공을 잡고 달리는데 있어서 약간의 공포가 생기기 때문입니다.

이번 장에서는 여학생뿐만 아니라 공을 다루기 어려워하는 학생들을 위해 쉽게 즐길 수 있는 축구형 게임으로 구성하였습니다.

체육놀이 살펴보기

놀이 1
원형축구

놀이 2
협동 골인

놀이 3
움직이는 골대 축구

원형 축구

'원형 축구' 게임은 공을 차서 상대방의 다리 사이로 공을 골인하는 게임입니다.

- **해당영역** : 경쟁 영역
- **활용학년** : 초등 저학년
- **게임형태** : 전체를 세 모둠으로 구성
- **준비물** : 모둠 조끼, 초시계, 공

✎ 활동 방법 : 원형축구 게임1

Step 1

❶ 세 모둠이 한 명씩 번갈아가며 원형으로 둥글게 서서, 다리를 어깨 넓이
로 벌리고 옆에 있는 학생의 발과 붙인다.

❷ 한 모둠원이 먼저 공을 발로 차서 다른 모둠원의 발 사이로 공을 넣는다. 만약, 다른 모둠원의 발 사이가 아닌 곳으로 공이 나갔을 경우에는 점수를 얻지 못한다.

❸ 다른 모둠원의 발 사이로 공이 들어갔을 경우에만 1점을 획득하고, 다른 모둠원의 몸에 맞고 공이 튕겨 나가거나 발 사이로 공을 못 넣은 경우엔 다른 상대팀이 각각 1점씩을 획득한다.

Step 2

Step 3

✎ **활동 방법 : 원형축구 게임2**

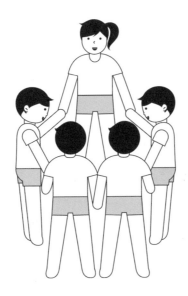

❶ 다섯 명(또는 그 이상)의 모둠원들이 원형으로 둥글게 손을 잡고 다리를
　벌린 상태로 선다.

❷ 정해진 시간(7초) 내에 다른 모둠원들에게 10회의 패스를 한다.

❸ 7초 안에 성공하면 1점을 얻고, 단축된 시간만큼 1초당 1점을 획득한다.
　단, 7초 안에 성공하지 못하면 점수를 얻지 못하고, 초과된 시간만큼 1초
　당 1점을 감점한다.

❗ 주의할 점

❶ 패스를 정확히 하려면 공을 발의 안쪽으로 차는 것이 좋다.

❷ 상대방이 잘 받을 수 있도록 속도를 조절해 정확하게 패스하고, 패스를 받은 후엔 지체 없이 빠르게 다시 패스한다.

협동 골인

도우미와 스트라이커가 공을 차고 받으며 킥을 연습하는 게임입니다.

- **해당영역** : 경쟁 영역
- **활용학년** : 초등 고학년, 중등
- **게임형태** : 4~6명씩 한 모둠으로 구성
- **준비물** : 라바콘, 축구공

🖊 활동 방법

Step 1

출발선

도우미

Step 2

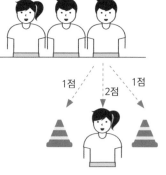

1점 2점 1점

❶ 모둠원들이 출발선에 서고, 나머지 한 명은 두 개의 콘 가운데에 선다.

❷ 순서대로 공을 차서 콘 사이로 들어가면 2점을 획득하고 콘을 맞히면 1점을 획득한다.

❸ 공을 받은 도우미는 다시 팀원에게 패스해준다.

❹ 모둠원이 모두 공을 찬 후엔 옆으로 이동하여 더 먼거리에 있는 콘을 향해 공을 찬다.

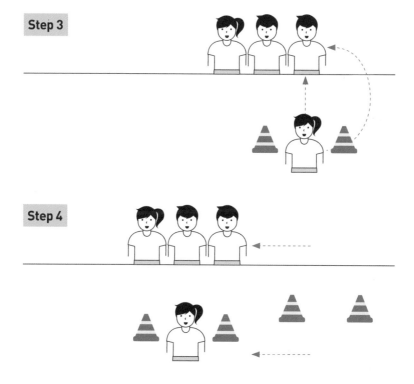

🎮 변형 게임

공을 찬 모둠원이 도우미 역할이 되어 달려가고 도우미는 줄의 맨 끝으로 돌아와 게임을 진행한다. 빠른 시간 안에 정확히 골인시켜서 점수를 획득한다.

움직이는 골대 축구

이 게임은 친구와 협력하여 슛의 정확도를 높일 수 있는 축구 게임입니다.

- **해당영역** : 경쟁 영역
- **활용학년** : 초등 저·중·고학년
- **게임형태** : 전체를 두 모둠으로 구성
- **준비물** : 라바콘, 축구공

✎ 활동 방법

Step 1

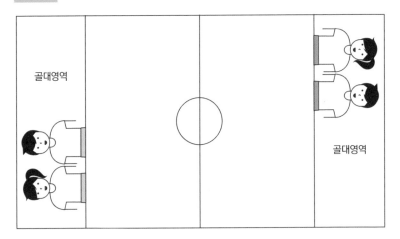

❶ 모둠원 두 명이 짝을 지어 손을 잡고 골대 영역에서 골대 역할을 한다.

❷ 다른 모둠원들은 골대 역할을 하는 모둠원 사이로 공을 차서 통과시 킨다.

Step 2

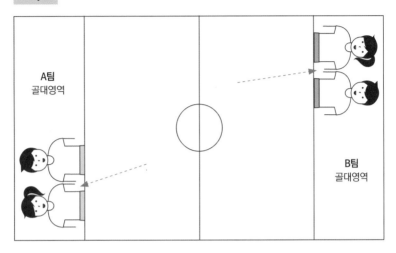

🎮 변형 게임

골대 역할의 모둠원이 골대 영역에서 각자 자유롭게 움직이다가, 같은 팀 모둠원이 슛한 공을 발로 잡으면 골인으로 인정된다.

❗ 주의할 점

❶ 골대 역할을 하는 같은 팀의 모둠원 사이로 공을 차야 득점으로 인정된다.

❷ 골대 역할을 하는 모둠원은 골인이 되도록 공이 오는 방향으로 이동한다.

❸ 실내에서는 핸드볼 공이 잘 뜨지 않아 축구형 게임을 하기에 좋다.

공으로 즐기는
재미있는 세상

공을 이용하여 즐기는 게임은 굉장히 많습니다. 특히 농구는 드리블을 하며 달리고, 패스와 슛으로 이어져야해서 초등학생들이 어려워하는 종목 중 하나입니다. 때문에 공을 이용하여 드리블-패스-슛을 넣고 목표물에 작은 공(탁구공 등)을 넣어보는 연습은 실제 농구 경기를 할 때 많은 도움이 됩니다.

이번 장에서는 공을 이용하여 다양한 게임을 즐기는 놀이로 구성하였습니다.

체육놀이 살펴보기

놀이 1 다섯 난쟁이 농구

놀이 2 배워서 남 주자

놀이 3 공 드리블하며 수건 뺏기

놀이 4 숫자 부르고 공 던지기

놀이 5 퐁당퐁당 공을 던져라

다섯 난쟁이 농구

이 게임은 앉아서 드리블없이 농구를 해볼 수 있는 게임입니다.

- **해당영역** : 경쟁 영역
- **활용학년** : 초등 고학년, 중등
- **게임형태** : 전체를 두 모둠으로 구성
- **준비물** : 콘 4개, 양동이 또는 플라스틱 박스 2개, 소프트 발리볼 또는 피구공, 팀 조끼

✎ 활동 방법

Step 1

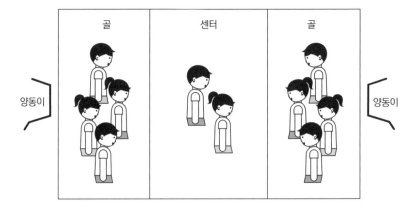

❶ 5명씩 구성된 두 모둠 모두가 경기장 바닥에 앉는다.

❷ 앉은 상태에서 드리블 없이 같은 편 모둠원에게 패스하여 양동이에 골을 넣는다.

Step 2

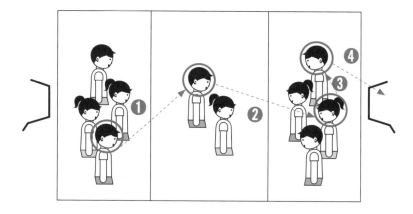

❗ 주의할 점

세 번 이상 패스가 이루어진 다음 슛을 넣어야 득점이 가능하다.

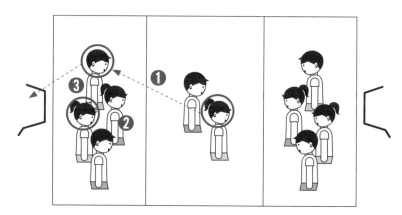

배워서 남 주자

친구와 함께 공을 드리블하여 더 많이 가져오는 팀이 우승하는 게임입니다.

- **해당영역** : 경쟁 영역
- **활용학년** : 초등 고학년, 중등
- **게임형태** : 5~7명씩 한 모둠으로 구성
- **준비물** : 8개의 서로 다른 공, 훌라후프 5개

✎ 활동 방법

Step 1

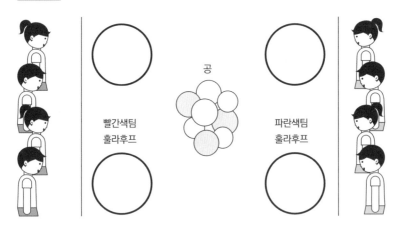

공

빨간색팀
훌라후프

파란색팀
훌라후프

❶ 각 팀의 모둠원은 출발선 뒤에 선다.
❷ 시작 신호와 함께 한 명씩 중앙으로 달려간다.

❸ 주자는 중앙의 훌라후프 안에 놓인 공을 드리블하여 우리 모둠의 훌라후프 안에 놓는다.

❹ 중앙에 있는 공이 다 떨어지면 상대편 영역에 있는 공도 가지고 올 수 있다.

❺ 정해진 시간 동안 가장 많은 공을 자기 편 영역으로 가져오는 모둠이 승리한다.

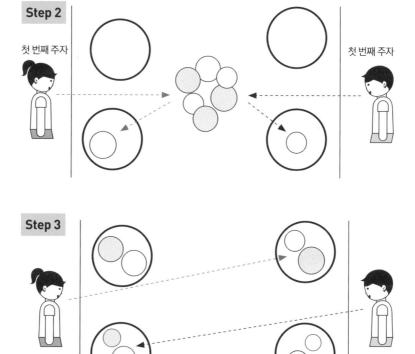

Step 2

첫 번째 주자

첫 번째 주자

Step 3

❗ 주의할 점

주자는 한 번에 한 명씩만 나올 수 있고, 공을 훌라후프 안에 정확히 놓아야 다음 사람이 출발할 수 있다.

공 드리블하며 수건 뺏기

이 게임은 한 줄로 서서 공을 드리블하여 상대방의 수건을 뺏는 게임입니다.

- **해당영역** : 경쟁 영역
- **활용학년** : 초등 고학년, 중등
- **게임형태** : 4~6명씩 한 모둠으로 구성
- **준비물** : 공, 수건

✎ 활동 방법

Step 1

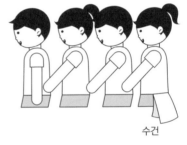

수건

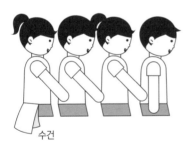

수건

❶ 모둠별로 앞사람의 허리를 손으로 잡고 일렬로 선다. 맨 뒷사람의 허리에 수건을 걸어 고정시킨다.

❷ 맨 앞사람은 공을 드리블하며 자유롭게 이동한다.

❸ 두 번째 친구가 상대 모둠의 수건을 빼앗는다.

❗ 주의할 점

허리를 잡은 손을 놓쳐서 모둠원이 떨어져 나가면 탈락하게 되므로 서로 협동하며 경기한다.

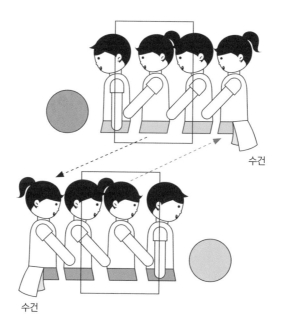

수건

수건

숫자 부르고 공 던지기

- **해당영역** : 경쟁 영역
- **활용학년** : 초등 고학년, 중등
- **게임형태** : 4명씩 두 모둠으로 구성
- **준비물** : 팀 조끼, 공

✎ 활동 방법

Step 1

Step 2

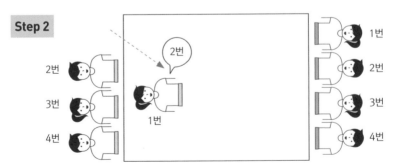

❶ 두 모둠으로 나누어 각 모둠원의 번호를 정하고, 먼저 공을 던질 모둠을 결정한다.

❷ 가장 먼저 공을 던질 학생이 앞으로 나와 공을 던지기 전에 번호를 부르고 공을 3m~5m 이상 높이 띄운다.

❸ 번호가 불린 친구는 앞으로 나와 공이 땅에 떨어지기 전에 잡아야 한다.

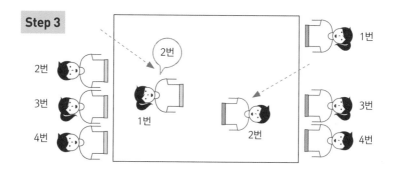

❗ 주의할 점

❶ 공을 던질 때에는 정확하게 구역 안에 떨어지도록 하며, 공을 던지기 전에 반드시 공을 잡을 상대 모둠원의 번호를 불러야 한다.

❷ 던진 공이 구역 밖으로 나가면 상대 모둠(공을 잡을 모둠)이 1점을 획득한다.

퐁당퐁당 공을 던져라

친구들과 어울려 물이 담긴 세숫대야에 탁구공을 넣는 게임입니다.

- **해당영역** : 도전 영역
- **활용학년** : 초등 저·중학년
- **게임형태** : 전체를 두 모둠으로 구성
- **준비물** : 세숫대야, 탁구공 5개, 접시콘 10개

✎ 활동 방법

Step 1

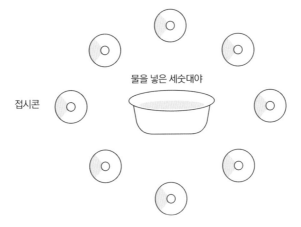

물을 넣은 세숫대야

접시콘

❶ 물이 반쯤 담긴 세숫대야를 가운데 두고, 둘레에 접시콘을 놔둔다.

❷ 각 모둠원은 탁구공을 바닥에 한 번 튕긴 후 세숫대야에 집어넣어야 한다.

❸ 세숫대야에 탁구공이 많이 들어간 모둠이 승리하는 게임이다.

❗ 주의할 점

탁구공이 두 번 이상 튕기고 들어가면 점수로 인정되지 않는다.

Step 2

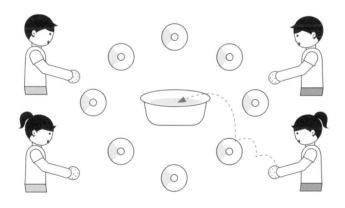

배려하며 놀아요!

친구들과 함께 놀이를 하다보면 게임에서 이기기도하고 지기도하며 그 속에서 사회를 배우게 됩니다.

놀이는 그 자체로 인간이 살아가는데 필요한 사회성을 길러줍니다. 놀이를 하며 발생하는 갈등을 원만히 해결하기 위해서는 서로에 대한 배려가 무엇보다 중요합니다. 아이들은 서로 배려하는 과정 속에서 자연스럽게 인성과 사회성이 발달하게 될 것입니다.

체육놀이 살펴보기

놀이 1 3홀 플로어볼 게임

놀이 2 원 돌아오기 게임

놀이 3 단체 까막잡기

놀이 4 4각형 줄다리기

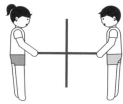

3홀 플로어볼 게임

우리 나라의 옛 경기인 장치기와 같은 게임입니다.

- **해당영역** : 건강 영역(눈과 손 협응성)
- **활용학년** : 초등 중·고학년
- **게임형태** : 3명 당 한 모둠으로 구성
- **준비물** : 플로어 볼 스틱, 탁구공, 라바콘

✎ 활동 방법

Step 1-1

1홀

라바콘

2홀

3홀

❶ 티샷 위치와 홀을 3군데에 표시하고 같은 모둠의 학생들은 각 홀에 선다. 모둠원들은 세 개의 홀을 차례로 이동하면서 골프 게임을 한다.

❷ 각 홀에 선 학생들은 공을 쳐서 정해진 홀의 라바콘을 맞추고, 다음 홀로 이동한다.

❸ 타수는 공을 친 횟수를 말하며, 상대편 모둠원들이 타수를 체크하여 기록한다.

❹ 가장 적은 타수(공을 친 횟수)로 끝난 모둠이 승리한다.

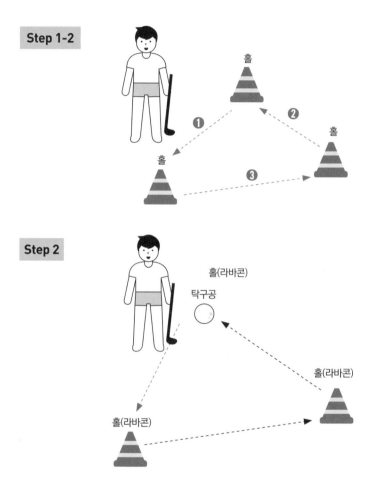

Step 1-2

Step 2

❗ 주의할 점

❶ 친 공을 막거나 손으로 잡으면 안 된다.

❷ 게임을 할 때 상대방을 항상 배려하는 마음으로 경기를 진행한다.

원 돌아오기 게임

'원 돌아오기' 게임은 공격수가 고른 훌라후프에서 출발하여 나머지 훌라후프를 거쳐 제자리로 돌아오는 게임입니다.

- **해당영역** : 경쟁 영역
- **활용학년** : 초등 중학년
- **게임형태** : 4~6명씩 한 모둠으로 구성
- **준비물** : (배구공 크기와 비슷한) 공, 훌라후프

✎ 활동 방법

Step 1

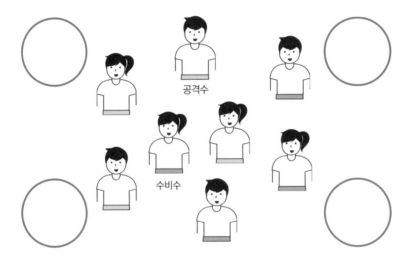

❶ 훌라후프 네 개를 놓는다.

❷ 공격하는 모둠은 출발점이 되는 1번 훌라후프를 정한다.

❸ 공을 잡은 학생은 1번 원 안에서 같은 편 모둠원에게 패스한다.

❹ 패스를 받은 모둠원은 2번 훌라후프 안으로 들어간다.

❺ 패스를 이어가며 시계 반대 방향으로 나머지 훌라후프를 거쳐 제자리로
돌아오면 승리한다.

Step 2

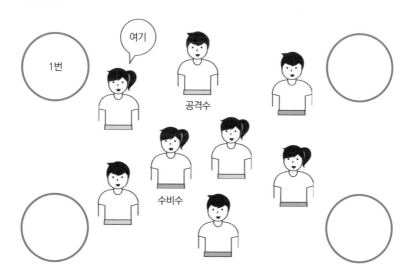

1번

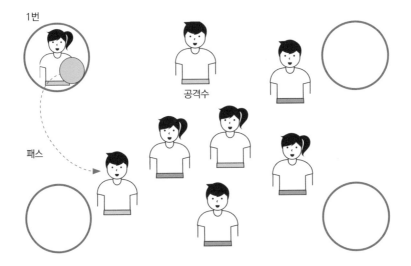

공격수

패스

❗ 주의할 점

❶ 원 밖의 학생들은 상대편이 공을 패스할 때 가로챌 수 있다.

❷ 공격과 수비가 바뀌면 공격을 하는 모둠이 1번 훌라후프를 다시 지정한다.

❸ 상대방을 항상 배려하며 안전에 유의한다.

단체 까막잡기

옛날에는 눈이 보이지 않는 사람을 '까막눈'이라고 불렀습니다. '까막잡기' 놀이는 전통놀이 중 하나로 눈을 가린 술래가 다른 사람을 잡는 놀이를 말합니다.

- **해당영역** : 경쟁 영역
- **활용학년** : 초등 중·고학년
- **게임형태** : 5~7명씩 한 모둠으로 구성
- **준비물** : 라바콘, 안대

✎ 활동 방법

Step 1

❶ 게임 공간을 정하여 한 모둠원이 모두 들어가고 술래 역할을 할 상대편 모둠원은 한 명만 들어간다.

❷ 술래는 안대를 하고 게임 공간 안에서 상대편 모둠원들을 잡는다.

Step 2

🏀 다양한 경기 방법

❶ 술래가 상대편 모둠원 한 명을 잡을 때마다 같은 모둠의 다른 모둠원으로 술래를 바꿔서 진행해 본다.

❷ 술래 한 명이 상대편 모둠원을 모두 잡는 시간을 측정한다.

❸ 술래가 상대편 모둠원을 모두 잡으면, 술래를 한 명씩 추가하여 술래끼리 손을 잡고 상대편 모둠원을 잡는다.

🎮 변형 게임: 단체 까막잡기

❶ 전체 모둠원이 반원으로 둘러앉고, 한 명의 모둠원이 술래가 되어 가운데 앉는다.

❷ 술래는 앉아 있는 모둠원들의 위치를 확인한 뒤에 눈을 안대로 가린다.

❸ 모둠원들은 그 중 한 명을 지목하고, 지목된 모둠원은 조용히 술래 뒤로 이동한다.

❹ 술래는 "누가 누가 나갔나?"를 외치고, 나머지 모둠원들은 "누가 누가 보이나?"를 두 번 외친다.

❺ 술래는 세 번의 기회 동안 누가 움직였는지, 나간 학생의 이름을 맞춘다. 이름을 맞히면 술래 뒤에 숨은 학생이 술래가 된다.

Step 1

술래

Step 2

안대

Step 3

지목된
모둠원

❗ 주의할 점

이동 시 소리가 나는 물건이 있는지 미리 확인한다.

4각형 줄다리기

두꺼운 줄을 가운데 두고 서로 잡아당겨서 줄다리기를 하는 게임입니다.

- **해당영역** : 경쟁 영역
- **활용학년** : 초등 중학년
- **게임형태** : 4~6명씩 한 모둠으로 구성
- **준비물** : 두꺼운 줄 2개, 안전 매트

✎ 활동 방법

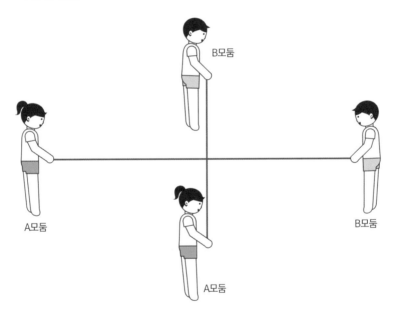

❶ 줄 2개를 엮어 열십자(+)형태로 만들고 네 명이 줄의 끝을 잡는다.

🏐 다양한 경기 방법

❶ 줄을 잡은 채 한 발로 서서 줄다리기를 하고 두발이 지면에 닿거나 넘어지면 진다.

❷ 두 발을 평행하게 붙인 다음 줄다리기를 한다.

❸ 줄을 놓지 않고 밀고 당긴다.

❹ 줄을 놓았다, 당겼다 반복하면서 게임한다.

⚠ 주의할 점

줄을 놓으면 아웃이 되며 상대방 모둠원이 위험할 수 있으므로 절대 놓지 않도록 주의한다.

튕기고 넘겨야
사는 공!

일반적으로 네트형 게임은 공을 정해진 횟수에 넘겨야 합니다. 그러나 배구와 탁구 같은 네트형 게임의 규칙을 한 번에 이해하기에 초등학생은 무리가 있습니다.

이 장에서는 누구나 쉽게 공을 튀기고 넘길 수 있도록 다양한 놀이를 통해 네트형 게임의 규칙을 익혀 보겠습니다. 또 자연스럽게 운동 기능도 습득하며 즐거운 시간을 보낼 수 있습니다.

체육놀이 살펴보기

놀이 1 교실 배구

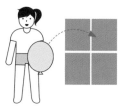

놀이 2 교실 탁구민턴

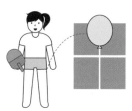

놀이 3 플라잉디스크 배구

놀이 4 수건 배구

교실 배구

교실 안에서 각자의 역할에 충실한 풍선 배구를 함으로써 책임감을 배울 수 있습니다.

- **해당영역** : 경쟁 영역
- **활용학년** : 초등 중·고학년
- **게임형태** : 4~5명씩 한 모둠으로 구성
- **준비물** : 책상, 풍선

🖊 활동 방법

Step 1

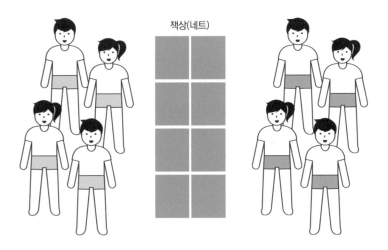

책상(네트)

❶ 중앙에 책상을 두고 학생들을 두 모둠으로 나누어 마주보게 한다.

❷ 적당한 크기의 풍선을 준비한다.

❸ 공격을 하는 모둠이 서브를 시작한다. 교실 배구에서는 책상(네트)이 있는 앞쪽에서의 서브도 허용해 준다.

❹ 서브를 받은 모둠원은 같은 모둠원에게 패스한다. 패스를 받은 모둠원은 같은 모둠원에게 패스하거나 상대편으로 넘길 수 있다.

❺ 세 번째 공(풍선)을 받은 모둠원은 반드시 상대편으로 공을 넘겨야 한다.

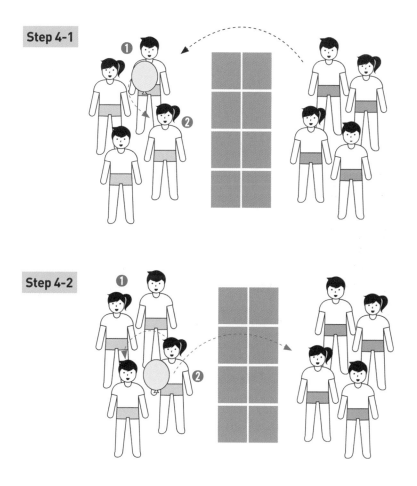

Step 5

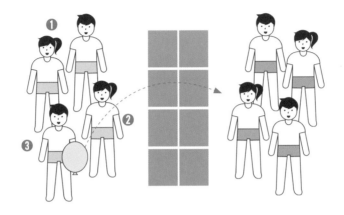

Step 6

경기 규칙

– 공이 천장에 맞을 경우는 패스로 인정한다.
– 공이 천장에 맞고 책상에 닿고 넘어갈 경우 네트에 걸린 것으로 인정하여 상대편 팀이 점수를 획득한다.

❗ 주의할 점

❶ 한 학생이 연달아 두 번 이상 공을 치거나 받을 수 없다.
❷ 교실 배구에서는 패스할 시간을 충분히 주도록 하기 위해 풍선을 이용한다.
❸ 서브 시 상대 모둠원을 배려해 공을 앞쪽이나 위쪽으로 넘겨준다.

교실 탁구민턴

교실 탁구와 배드민턴을 합친 규칙의 게임입니다.

- **해당영역** : 경쟁 영역
- **활용학년** : 초등 중학년
- **게임형태** : 2~3명씩 한 모둠으로 구성
- **준비물** : 풍선, 탁구채

✏️ 활동 방법

Step 1

❶ 교실 가운데 책상을 붙여놓고, 양 모둠이 각각 나누어 선다.

❷ 모둠원은 탁구채로 풍선을 한 번만 쳐서 상대편 영역으로 넘긴다.

❸ 공격하는 팀의 풍선이 정해진 영역 밖으로 떨어진 경우 상대편 팀이 1점을 획득한다. 공격하는 팀의 풍선이 상대편 영역으로 넘어가서 경기장 안쪽으로 떨어진 경우 1점을 획득한다.

❗ 주의할 점

탁구채를 크게 휘두르면 서로 다칠 수 있으므로 안전에 유의하며 게임을 진행한다.

Step 2

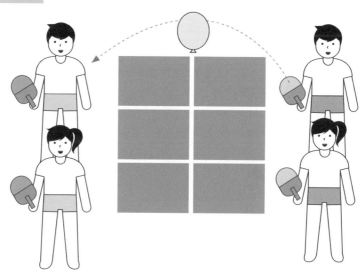

플라잉디스크 배구

2가지 규칙이 적용되며 배구공 대신 디스크를 던져서 하는 게임입니다.

- **해당영역** : 경쟁 영역
- **활용학년** : 초등 고학년, 중등
- **게임형태** : 4~5명씩 한 모둠으로 구성
- **준비물** : 배구 네트, 플라잉디스크

✎ 활동 방법

Step 1

❶ 두 모둠원이 네트를 중심으로 양쪽에 선다.

❷ 서비스 존에서 상대편 영역으로 플라잉디스크를 던지면서 시작한다.

❸ 플라잉디스크가 넘어오면 두 번의 패스 내에 다시 상대편 영역으로 넘겨야
한다.

Step 2

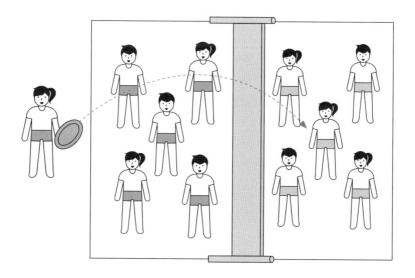

수건 배구

각자의 역할을 충실히 실행하여 수건 배구를 함으로써 책임감을 배울 수 있습니다.

- **해당영역** : 경쟁 영역
- **활용학년** : 초등 중·고학년, 중등
- **게임형태** : 4명씩 한 모둠으로 구성
- **준비물** : 배구공, 수건 또는 팀 조끼

✎ **활동 방법**

Step 1

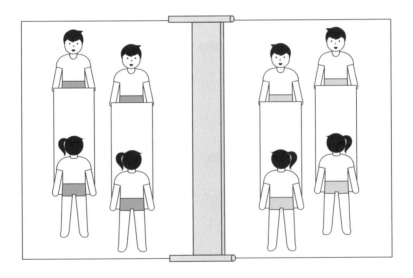

❶ 각 모둠은 2명씩 짝을 이루어 수건을 마주 잡고 선다.

❷ 서브는 경기장 안에서 하고, 각 팀은 수건을 이용해 공을 한 번에 상대편 영역으로 넘겨야 한다.

❸ 네트를 넘어 온 공은 반드시 수건을 이용해 받아야 한다.

❹ 공은 바닥에 한 번 튕긴 후 받을 수도 있으며, 날아오는 공을 바로 잡을 수도 있다.

⚠ 주의할 점

❶ 공을 잡은 후에는 위치를 이동해서는 안 되고, 3초 안에 그 자리에서 바로 상대편 영역으로 공을 넘겨야 한다.

❷ 수건을 팽팽하게 당기는 것 보다는 조금 느슨하게 하면 공을 잘 받을 수 있다.

❸ 수건을 펼치고 던지는 연습을 하며, 수건을 감아 돌리면 공이 날아가지 않고 제자리에서 올라갔다 내려온다는 것을 알려준다.

Step 2

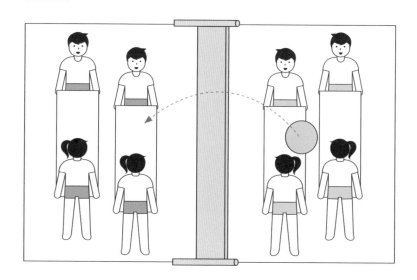

다이아몬드를 찾아라!
야구형 게임

최근 야구장에 가보면 많은 관중들이 경기를 응원하며 즐거운 시간을 보내는 모습을 볼 수 있습니다. 그럼에도 불구하고 학교 현장에서는 야구 규칙과 경기 운영의 어려움으로 수업으로 진행하는 것을 어렵게 생각합니다.

물론 티볼과 같이 야구형 리드업 게임이 있지만, 이 장에서는 배트를 사용하지 않는 다양한 야구형 게임 놀이들을 통해 메이저리그 선수들처럼 재미있는 시간을 보낼 수 있도록 구성하였습니다.

체육놀이 살펴보기

놀이 1 터널 발야구 놀이

놀이 2 콘 돌아오기 게임

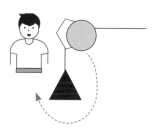

놀이 3 볼로볼

놀이 4 플라잉디스크 야구

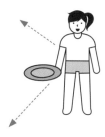

터널 발야구 놀이

발 야구와 같은 경기이지만 서로 빠르게 협동하는 것이 필요한 게임입니다.

- **해당영역** : 경쟁 영역
- **활용학년** : 초등 고학년, 중등
- **게임형태** : 전체를 두 모둠으로 구성
- **준비물** : 공, 홈베이스, 라바콘, 접시콘

✎ 활동 방법

Step 1

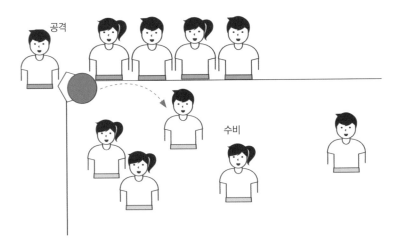

❶ 공격수는 홈베이스에 공을 올려 두고 발로 공을 찬다.

❷ 공격수는 공을 찬 후 자신이 속한 팀 주위를 3바퀴 돌아 다시 홈으로 온다.

❸ 수비수는 가장 먼저 공을 잡은 사람을 중심으로 일렬로 서서 다리 사이로 공을 전달한다.

❹ 맨 마지막 수비수는 공을 들고 홈베이스로 뛰어간다.

❺ 두 팀은 모두 주어진 역할을 빨리 마치고 상대방보다 먼저 홈베이스를 밟아야 한다.

❻ 공격하는 팀이 더 빠를 경우에는 세이프가 되어 1점을 획득하며, 수비하는 팀이 더 빠를 경우엔 아웃이 된다.

TIP

1 수비하는 팀은 서로 협동하여 공을 빠르게 전달해서 공격팀 보다 먼저 홈베이스를 밟도록 한다.

2 공격하는 팀은 서로의 간격을 최대한 좁혀 공격수가 빨리 세 바퀴를 돌 수 있게 한다.

3 공격팀은 팀원이 돌때 가장 자리에서 돌기 편리하게 손을 잡아주면 더욱 빠르고 안전하게 돌 수 있다.

4 성별과 학년의 특성에 따라 공격수가 기본적으로 돌아야 할 횟수를 조절한다.

5 고학년의 경우 공격수와 홈베이스 사이의 거리를 점점 늘리려 공격수가 유리하지 않도록 한다.

3바퀴

3바퀴

🎮 변형 게임

수비가 공을 전달할 때 옆으로 전달하기, 머리 위로 전달하기 등으로 다양하게 변형하여 게임을 진행한다.

이기연 선생님의 아이디어

콘 돌아오기 게임

1루 발야구와 비슷하지만 1루를 돌아와야 점수를 얻는 게임입니다.

- **해당영역** : 경쟁 영역
- **활용학년** : 초등 중·고학년, 중등
- **게임형태** : 전체를 두 모둠으로 구성
- **준비물** : 홈베이스, 공, 라바콘

✎ 활동 방법

Step 1

❶ 1루에 라바콘을 놓아두고 공격수와 수비수가 각 위치에 선다.

❷ 공격수는 공을 찬 후 1루에 있는 라바콘을 돌아 홈으로 돌아온다.

❸ 수비수는 공을 잡아 홈베이스로 달려간다.

❹ 공격수가 수비수보다 먼저 홈베이스로 돌아오면 세이프가 되어 공격팀이 1점을 얻고, 수비수가 공격수보다 먼저 홈베이스로 들어오면 아웃이 된다.

경기 규칙

– 파울선을 3번 넘길 경우에는 아웃이 된다.

– 공격수는 공을 최대한 멀리 차는 것이 유리하다.

Step 2

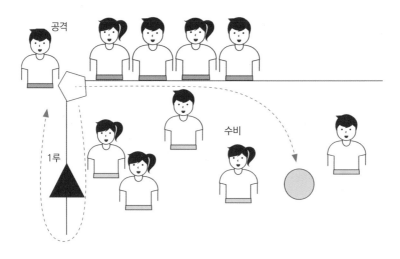

Step 3

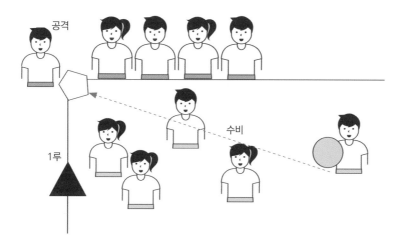

❗ 주의할 점

공이 굴러가거나 학생이 발로 찰 때 다치지 않도록 접시콘 위에 올려놓는다.

볼로볼

이 게임은 볼로볼 또는 레더볼이라고도 부릅니다.

- **해당영역** : 도전 영역
- **활용학년** : 초등 저·중·고학년
- **게임형태** : 전체를 두 모둠으로 구성
- **준비물** : 볼로볼

✎ 활동 방법

Step 1

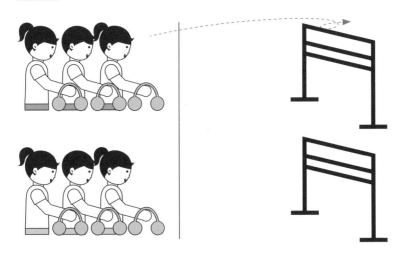

❶ 두 모둠으로 나눈 후 일렬로 서서 레더를 향해 볼을 던진다. 가장 위의 바는 3점, 중간은 2점, 아래는 1점이 된다.

❷ 볼이 걸린 점수를 합산하여 총 21점에 정확하게 도달한 모둠이 승리한다.

Step 2

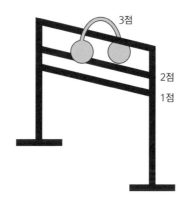

❗ 주의할 점

21점을 초과해서는 안 되고 정확히 21점에 먼저 도달해야 승리한다.

플라잉디스크 야구

티볼과 같지만 플라잉디스크를 활용해 진행하는 게임입니다.

- **해당영역** : 도전 영역
- **활용학년** : 초등 고학년, 중등
- **게임형태** : 전체를 두 모둠으로 구성
- **준비물** : 플라잉디스크, 루베이스

✎ 활동 방법

Step 1

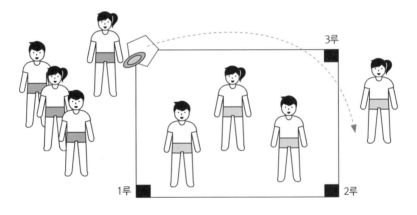

❶ 공격하는 모둠의 공격수가 한 명씩 나와서 플라잉디스크를 던진 후, 루를 순서대로 밟고 홈으로 돌아온다.

❷ 수비수는 각 루에 위치한 같은 편 모둠원에게 플라잉디스크를 던져 공격수를 아웃시켜야 한다.

❸ 공격팀의 모둠원 모두 플라잉디스크를 던지면 한 회가 바뀐다.

Step 2

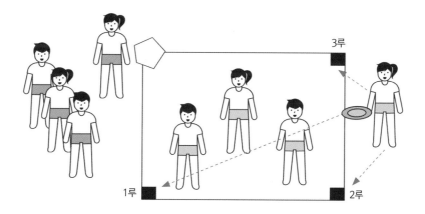

여우야 여우야
뭐하니~?

술래잡기만큼 어디서든 간단히 즐길 수 있는 놀이는 없을 것입니다. 물론 재미도 그 어떤 게임에 비해 부족하지 않습니다.

이 장에서는 술래잡기 형 놀이와 '여우야 여우야 뭐하니'와 같은 전통 잡기 놀이, 잡히지 않고 달려가 공을 찾아오는 놀이 등 재미있는 술래잡기 놀이를 담아보았습니다.

체육놀이 살펴보기

놀이 1 여우야 여우야
뭐하니~?

놀이 2 반달 술래잡기

놀이 3 공 뺏기 놀이

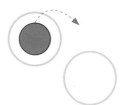

놀이 4 괴물 아메바

여우야 여우야 뭐하니~?

우리나라 전통놀이인 여우야 여우야 뭐하니 게임을 변형한 놀이입니다.

- **해당영역** : 경쟁 영역
- **활용학년** : 초등 중·고학년
- **게임형태** : 전체가 참여
- **준비물** : 접시콘

✎ 활동 방법

Step 1

출발선

술래

❶ 술래가 아닌 모둠원들은 출발선에 서고 술래는 원 안에 앉는다.

❷ 모둠원들은 출발선에서부터 노래를 부르며 술래에게 한 발 한 발 다가
간다.

❸ 노래 끝에 술래가 "죽었다!"라고 외치면 학생들은 정지 상태로 있어야 하
고, 움직이는 학생은 술래가 된다.

❹ 술래가 "살았다!"라고 외치면 학생들은 재빨리 출발선 너머 안전지대로
뛰어간다.

❺ 술래는 도망가는 모둠원을 안전지대에 도착하기 전에 잡고, 잡힌 모둠원
은 술래가 된다.

Step 2

Step 3

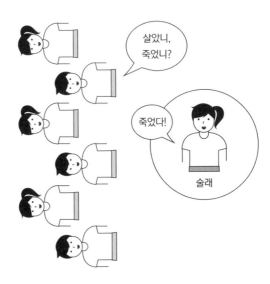

Step 4

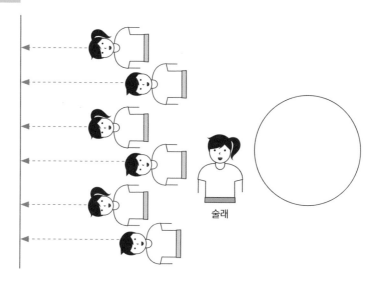

술래

반달 술래잡기

선을 따라 이동하며 술래를 피하는 게임입니다.

- **해당영역** : 경쟁 영역
- **활용학년** : 초등 저·중·고학년
- **게임형태** : 4~6명을 한 모둠으로 구성
- **준비물** : 표시 테이프

✎ 활동 방법

Step 1

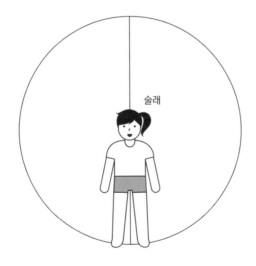

술래

❶ 술래는 원 안에 들어갈 수 없고 라인만 밟고 다닐 수 있다.

❷ 술래를 제외한 나머지 인원은 모두 원 안으로 들어간다.

❸ 술래는 라인을 밟고 다니며 원 안의 학생을 터치한다.

❹ 술래에게 터치를 당한 학생은 원 밖으로 나간다.

Step 2

Step 3

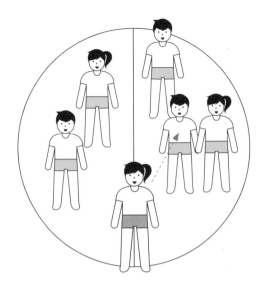

Step 4

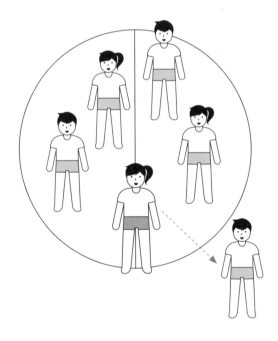

❗ 주의할 점

❶ 원 안의 모둠원들은 한 발이라도 원 밖으로 나가면 아웃된다.

❷ 술래가 점프하여 잡으려 할 때 부딪히거나 미끄러져서 다칠 수 있으므로 조심한다.

공 뺏기 놀이

이 놀이는 안전지대를 다니며 상대방의 공을 우리 영역으로 가지고 오는 게임이다.

- **해당영역** : 경쟁 영역
- **활용학년** : 초등 중·고학년
- **게임형태** : 전체를 두 모둠으로 구성
- **준비물** : 훌라후프, 공

✎ 활동 방법

Step 1

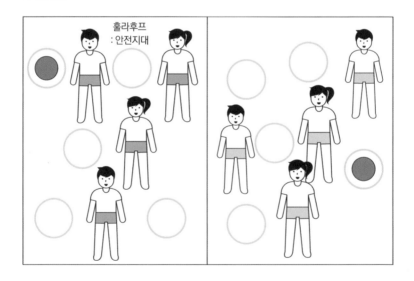

❶ 경기장을 반으로 나누고 훌라후프를 배치하여 안전지대와 감옥을 만든다.

❷ 상대편 팀의 공을 우리 편 영역으로 가지고 오면 승리한다.

Step 2

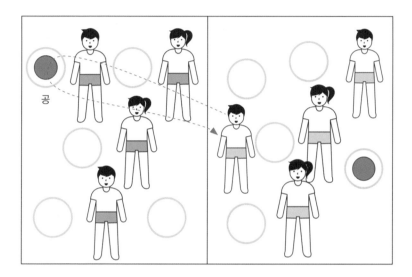

공

🏀 다양한 경기 방법

❶ 상대편 팀에게 터치를 당한 모둠원은 감옥으로 간다.

❷ 안전지대(훌라후프)에는 상대편 팀이 들어갈 수 있으며 이때는 아웃이 되지 않는다.

❸ 안전지대(훌라후프)를 넘어 다니면서 상대방의 공을 우리 편 영역으로 가져오면 승리한다.

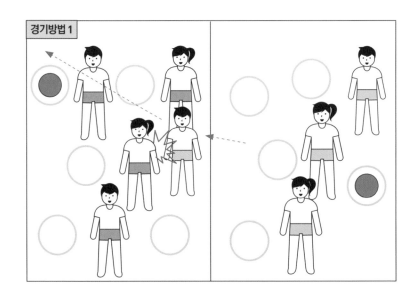

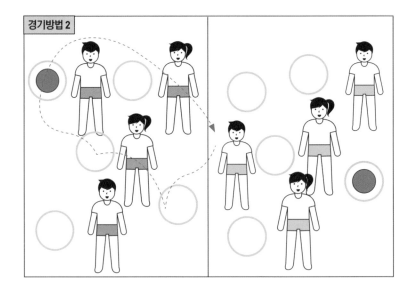

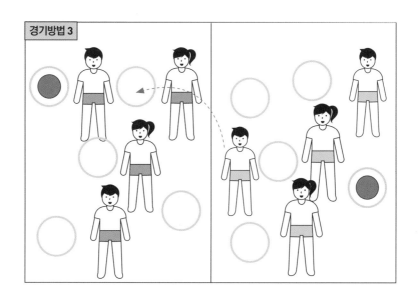

❗ 주의할 점

공을 우리 영역으로 가지고 오기 위해 같은 모둠원끼리 협력하여 전략을 잘 짜야한다.

괴물 아메바

- **해당영역** : 경쟁 영역
- **활용학년** : 초등 저·중학년
- **게임형태** : 술래 1명과 전체 모둠원이 참여
- **준비물** : 없음

✎ 활동 방법

Step 1

술래

❶ 술래인 '아메바'를 정하고, 나머지 모둠원들을 잡으러 다닌다.

❷ 술래에게 잡힌 모둠원은 함께 술래가 되어 손을 잡고, 나머지 모둠원들을 잡으러 다닌다.

❸ 술래 숫자가 늘어나면 2명 또는 3명으로 분열하여 다닐 수 있다.

Step 2

떠있는 공, 킨볼

킨볼은 크고 가벼운 공을 주고받으며 승부를 겨루는 배구형 게임입니다. 요즘 새롭게 떠오르는 '뉴 스포츠'로 너무 경쟁적이지 않은 게임으로 학생들에게 인기가 많습니다.

그러나 우리 아이들이 게임을 즐기기 위해서는 많은 시간의 연습이 필요합니다. 이 장에서는 킨볼 연습에 활용할 수 있는 킨볼형 놀이들로 구성되어 킨볼 활동을 익히는데 도움이 될 것입니다.

체육놀이 살펴보기

놀이 1 킨볼 들고 달리기

놀이 2 킨볼 족구

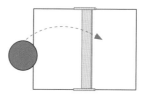

놀이 3 킨볼 배구

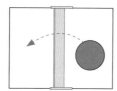

놀이 4 킨볼 짬뽕

놀이 5 다리를 설치하여 달려라

킨볼 들고 달리기

큰 킨볼은 실제 경기에 사용하는 공이고, 작은 것은 아동용 경기에 사용하는 공입니다.

- **해당영역** : 경쟁 영역
- **활용학년** : 초등 고학년, 중등
- **게임형태** : 6~8명씩 한 모둠으로 구성
- **준비물** : 킨볼, 라바콘

✎ 활동 방법

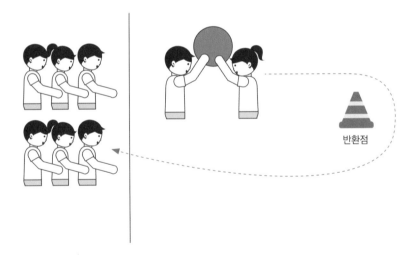

반환점

❶ 두 명 또는 세 명씩 짝을 지어 킨볼을 들고 선다.

❷ 킨볼을 들고 반환점을 돈 후, 다음 순서의 모둠원에게 전달한다.

❶ 주의할 점

작은 킨볼을 사용하다가 익숙해지면 점점 더 큰 킨볼을 사용한다.

킨볼 족구

킨볼을 이용한 족구형 게임입니다.

- **해당영역** : 경쟁 영역
- **활용학년** : 초등 고학년, 중등
- **게임형태** : 4~6명씩 한 모둠으로 구성
- **준비물** : 킨볼, 네트

✎ **활동 방법**

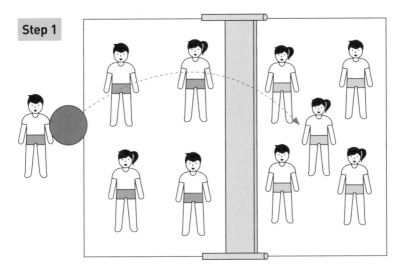

Step 1

❶ 족구와 같이 두 편으로 나누어 선, 후 공격수의 서브로 경기를 시작한다.

❷ 패스는 2회까지 가능하며, 세 번째에는 킨볼을 상대편 영역으로 넘겨야
   한다.

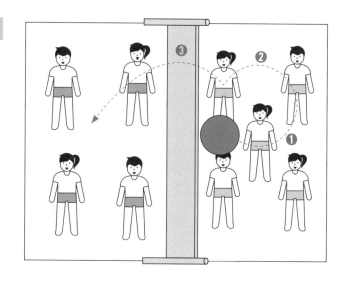

Step 2

경기 규칙

❶ 공을 받을 때 발과 가슴, 머리는 사용 가능하나, 손은 사용할 수 없다.

❷ 넘어오는 공을 한 번 바닥에 튕긴 후 받거나 바로 받을 수 있다.

❹ 한 사람이 공을 연속으로 두 번 차면 안 된다.

ⓘ 주의할 점

❶ 경기 기능이 떨어지는 모둠원들은 특별히 손을 사용할 수 있도록 허용해 주고, 서브가 어려운 모둠원들은 코트 안에서 서브할 수 있도록 허용해 준다.

❷ 킨볼을 찰 때 발목이 다칠 수 있으므로 발등이 아닌 발목 위로만 차도록 지도한다.

킨볼 배구

킨볼을 이용한 배구형 경기입니다.

- **해당영역** : 경쟁 영역
- **활용학년** : 초등 고학년, 중등
- **게임형태** : 4~6명씩 한 모둠으로 구성
- **준비물** : 킨볼, 네트

🖎 활동 방법

Step 1

❶ 두 편으로 나누어 선, 후 공격수의 서브로 경기를 시작한다.

❷ 패스는 2회까지 가능하며, 세 번째에는 상대편 영역으로 넘겨야 한다.

❗ 주의할 점

모둠원들의 경기 수준에 맞춰 킨볼의 바운드 허용 여부를 조절하면서 경기를 진행한다.

Step 2

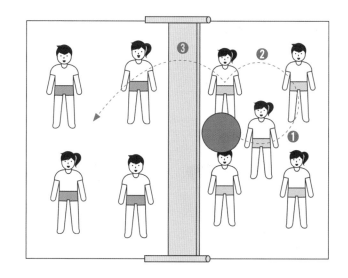

킨볼 짬뽕

킨볼을 티볼대에 올려놓고 주먹으로 쳐서 달리는 야구형 경기입니다.

- **해당영역** : 경쟁 영역
- **활용학년** : 초등 고학년, 중등
- **게임형태** : 전체를 두 모둠으로 구성
- **준비물** : 킨볼, 티볼 배팅티, 홈베이스, 루베이스

✎ 활동 방법

Step 1

배팅티

❶ 킨볼을 배팅티에 올려놓고, 같은 편 모둠원 두 명이 킨볼을 잡는다.

❷ 공격수는 킨볼이 멀리 날아가도록 다양한 방법으로 칠 수 있다.

❸ 공격수는 1루와 2루 베이스를 전부 돌아서 킨볼을 잡은 수비수가 홈으로 들어오기 전에 먼저 홈에 들어와야 한다.

❹ 수비수가 킨볼을 들고 공격수보다 먼저 홈에 들어오면 아웃카운트가 되고, 공격수가 1루와 2루를 돌아 수비수보다 먼저 홈에 들어오면 1점을 획득한다.

Step 2

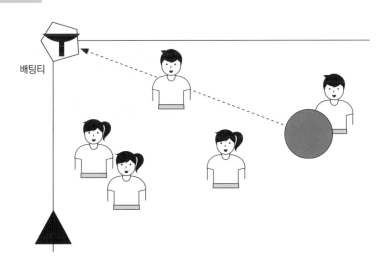

배팅티

다리를 설치하여 달려라

킨볼을 활용한 달리기 경기입니다.

- **해당영역** : 경쟁 영역
- **활용학년** : 초등 저·중학년
- **게임형태** : 전체가 참여
- **준비물** : 킨볼, 라바콘

✎ 활동 방법

Step 1

❶ 한 모둠원을 제외한 나머지 모둠원들은 일렬로 다리를 쭉 펴고 앉는다.

❷ 한 모둠원이 학생들 다리 위로 킨볼을 굴리며 출발한다.

❸ 앉아 있는 모둠원들은 킨볼이 지나갈 수 있도록 계속해서 자리를 이동한다.

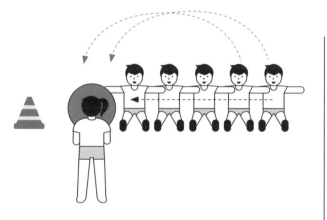

꿈을 찾아 두둥실, 킨볼

우리 아이들이 게임을 즐기기 위해서는 많은 시간의 연습이 필요합니다. 바로 앞서 킨볼을 익히는 킨볼형 놀이들을 진행해 보았다면, 이번 장에서는 본격적으로 킨볼을 활용할 수 있는 놀이를 수록하였습니다.

체육놀이 살펴보기

놀이 1 인디아나 존스 탈출 게임

놀이 2 혜성 피하기

놀이 3 혜성 피해 보물찾기

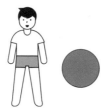

놀이 4 킨볼 얼음땡!

인디아나 존스 탈출 게임

- **해당영역** : 경쟁 영역
- **활용학년** : 초등 고학년, 중등
- **게임형태** : 술래 1명과 전체가 참여
- **준비물** : 킨볼

✎ 활동 방법

Step 1

❶ 모둠원들이 서로 손을 잡고 큰 원과 작은 원을 만든다.

❷ 크고 작은 두 원 모양으로 선 모둠원들끼리 마주보고, 킨볼이 들어갈 정도의 공간을 확보한다.

❸ 술래는 두 원 사이로 들어가서 굴러오는 킨볼을 피해 다닌다.

❹ 모둠원들은 킨볼의 방향을 자유롭게 바꾸어가며 술래를 맞춘다.

Step 2

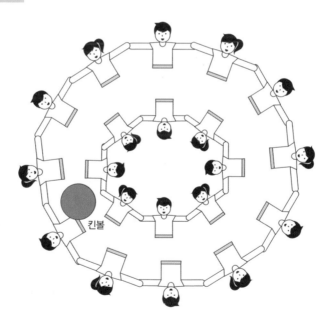

킨볼

술래

술래

❗ 주의할 점

공을 굴리는 친구들이 손이나 발을 너무 길게 뻗으면 원 사이에서 달리는 친구가 걸려서 넘어질 수 있으므로 주의한다.

혜성 피하기

혜성(킨볼)을 피해 도망 다니는 게임입니다.

- **해당영역** : 경쟁 영역
- **활용학년** : 초등 중·고학년, 중등
- **게임형태** : 4~7명씩 한 모둠으로 구성
- **준비물** : 킨볼, 라바콘

✎ 활동 방법

Step 1

❶ 각 모둠별로 원 안과 원 밖에 선다.

❷ 원 밖에 있는 모둠원들은 킨볼을 굴려 원 안의 모둠원들을 맞춘다.

❸ 굴러오는 공에 맞은 모둠원은 원 밖으로 나간다.

❹ 공이 원 밖으로 나갈 경우, 아웃된 모둠원 한 명이 부활하여 다시 게임에 참여할 수 있다. 만약 공이 굴러가지 않고 공중에 떠서 갈 경우에도 아웃된 모둠원이 한 명 부활하여 다시 게임에 참여할 수 있다.

Step 2

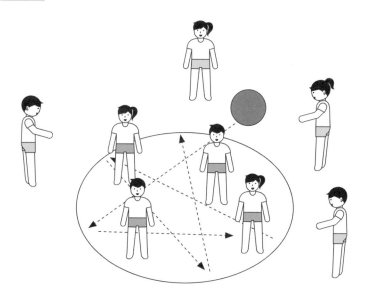

Step 3

Step 4

부활

❗ 주의할 점

모둠원이 바닥에 튕긴 공에 맞았을 경우에는 아웃되지 않는다.

혜성 피해 보물찾기

혜성(킨볼)을 피해 보물(콩주머니)를 많이 가지고 오는 게임입니다.

- **해당영역** : 경쟁 영역
- **활용학년** : 초등 고학년, 중등
- **게임형태** : 전체를 두 모둠으로 구성
- **준비물** : 킨볼, 콩주머니, 훌라후프, 라바콘

🖋 활동 방법

Step 1

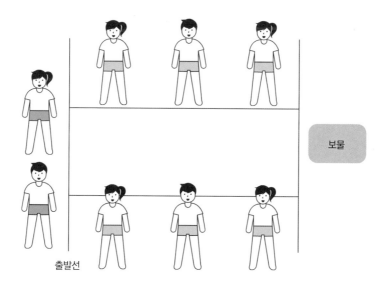

❶ 각 모둠별로 출발선과 경기장의 옆 라인에 선다.

❷ 공격하는 모둠원들은 킨볼을 주고받으며, 지나가는 상대편 모둠원들을 맞춘다.

❸ 출발선에 있는 모둠원들은 킨볼을 잘 피해 보물이 있는 곳까지 달려 간다.

❹ 보물을 획득한 모둠원은 경기장 밖으로 돌아서 출발선으로 온다.

❺ 킨볼에 맞은 모둠원은 체력 훈련장에서 줄넘기를 하거나 팔 벌려 뛰기를 한 후 다시 출발할 수 있다.

❻ 정해진 시간 안에 보물을 많이 획득한 모둠이 승리한다.

Step 2

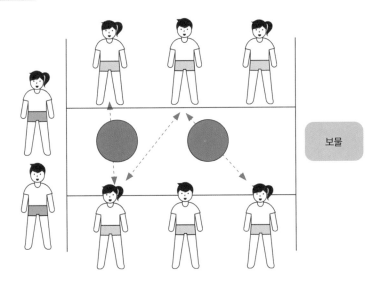

Step 3

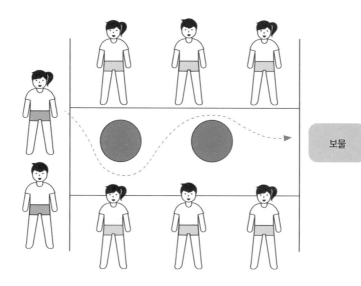

보물

Step 4

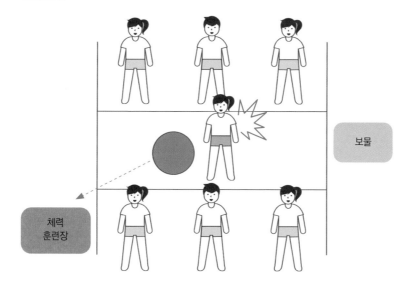

보물

체력
훈련장

킨볼 얼음땡!

킨볼 얼음땡 게임은 두 가지 방법으로 진행 가능합니다.

- **해당영역** : 도전 영역
- **활용학년** : 유, 초등 저·중학년
- **게임형태** : 술래 1명과 전체가 참여
- **준비물** : 킨볼, 라바콘

🖋 활동 방법 1

Step 1

❶ 술래는 킨볼을 굴리고 다니며 다른 모둠원들을 맞춘다.
❷ 킨볼에 맞은 모둠원은 아웃된다.

Step 2

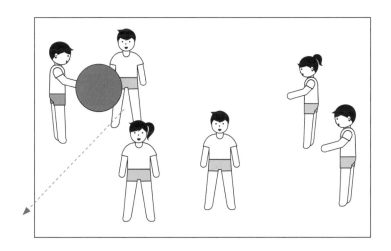

Step 1

Step 2

❶ 킨볼에 맞기 전 "얼음!"을 외치면 얼음이 되어 아웃되지 않는다.

❷ 다른 모둠원이 "땡!"을 외치며 터치해주면 얼음이 된 모둠원은 다시 움직일 수 있다.

❗ 주의할 점

술래는 킨볼을 반드시 굴리며 다녀야 하고 던지거나 밀 수 없다.

🎮 변형 게임

학생들이 게임에 익숙해지면 경기장을 좁혀서 진행한다.

실내에서 열리는
동계 스포츠

'~~영미, ~~영미' 평창 동계올림픽 중에서 컬링은 그 어느 때보다 인기를 많이 얻었습니다. 컬링은 정해진 타깃인 하우스에 스톤을 정확히 넣는 게임입니다. 규칙이 복잡하고 실제로 즐길 수 있는 경기장이 없어서 우리는 컬링에 대해 생소했지만 동계올림픽을 보며 국민들이 행복해하고 울기도 했습니다.

실제 동계스포츠는 주로 눈과 얼음을 사용하지만 이 장에서는 교실이나 강당에서도 즐길 수 있는 놀이로 구성하여, 우리 아이들도 멋진 동계올림픽 선수가 될 것입니다.

체육놀이 살펴보기

놀이 1
간이 컬링

놀이 2
교실 컬링

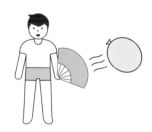

놀이 3
보체게임

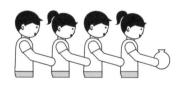

간이 컬링

교실에서 컬링을 해볼 수 있게 제작한 컬링 교구(뉴에이지 컬링 스톤)를 사용해 경기를 진행합니다.

- **해당영역** : 도전, 경쟁 영역
- **활용학년** : 초등 고학년, 중등
- **게임형태** : 4~6명씩 한 모둠으로 구성
- **준비물** : 뉴에이지 컬링 스톤

초간단 컬링 용어 정리!

투구자: 스톤을 던지는 선수를 말합니다.

컬링 스톤: 컬링 게임에서 사용하는 둥글고 납작한 돌을 말합니다.

스킵: 빙질의 상태를 파악하여 스톤의 위치를 지정하고 전략을 짜는 역할입니다.

🏸 활동 방법

❶ 투구자가 출발선에 서서 중심원에 가장 가까이 가도록 스톤을 굴린다.

❷ 각 모둠의 투구자가 차례로 스톤을 굴린 다음 점수를 합산한다.

✎ 점수 합산 방법

중심원에 가까이 간 스톤과 같은 모둠의 스톤들 점수만 합산한다.

	1세트	2세트	3세트	
A모둠	24	0	0	24
B모둠	0	20	10	30

🎮 변형 게임

❶ 컬링 교구가 없을 경우 테니스공을 사용할 수 있다.
❷ 다양한 색깔의 공으로 대체하여 게임을 즐길 수 있다.

교실 컬링

스톤 대신 풍선 또는 탱탱볼을 이용하여 컬링을 즐길 수 있습니다.

- **해당영역** : 도전, 경쟁 영역
- **활용학년** : 초등 중·고학년
- **게임형태** : 4~6명씩 한 모둠으로 구성
- **준비물** : 색깔 테이프, 풍선, 부채

✎ **활동 방법**

Step 1

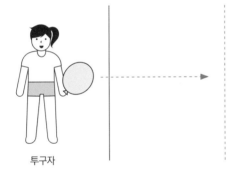

투구자

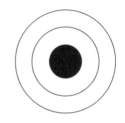

❶ 투구자는 원을 향해 풍선을 던진다.

❷ 스위퍼는 부채질을 하여 풍선을 원 안으로 보낸다.

❗ 주의할 점

❶ 스위퍼는 점선까지만 갈 수 있다.

❷ 스위퍼의 부채질 시간을 30초로 제한한다.

Step 2

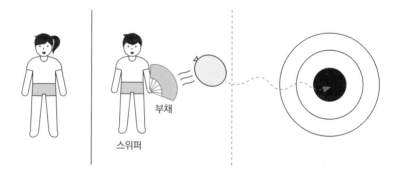

부채

스위퍼

보체게임

자기 모둠의 콩주머니가 선생님이 던진 콩주머니에 더욱 가까운 모둠이
점수를 얻는 게임입니다.

- **해당영역** : 도전, 경쟁 영역
- **활용학년** : 초등 고학년, 중등

- **게임형태** : 4~7명씩 한 모둠으로 구성
- **준비물** : 콩주머니

✎ 활동 방법

Step 1

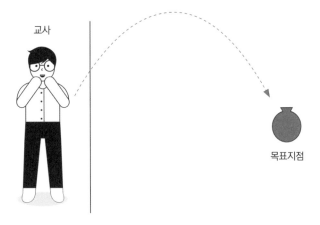

교사

목표지점

❶ 출발선에서 교사가 빨간색 콩주머니를 던지면 그 위치가 목표지점이 된다.

❷ 각 모둠원들은 각자 콩주머니를 가지고 출발선에 선다.

❸ 자신의 콩주머니를 빨간색 콩주머니와 가장 가까이 위치하도록 던진다.

❹ 모둠원들이 차례로 콩주머니를 다 던지면 점수를 합산한다.

Step 2

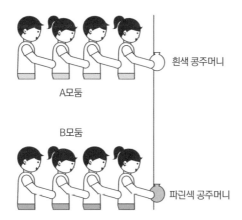

흰색 콩주머니

A모둠

B모둠

파란색 공주머니

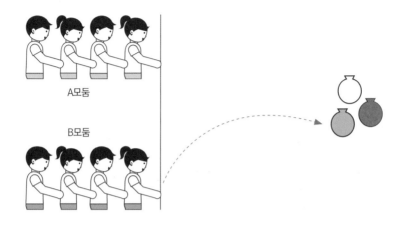

A모둠

B모둠

❗ 주의할 점

❶ 빨간색 콩주머니에 붙어있는 콩주머니와 같은 모둠의 콩주머니 개수만 계산한다.

❷ 빨간색 콩주머니와 붙어있지 않은 것은 합산하지 않는다. 만약 빨간색 콩주머니와 붙어있는 콩주머니가 없다면 가장 가까이 위치한 콩주머니의 모둠만 1점을 얻는다.

🎮 변형 게임

2인 1조로 책상을 붙이고 원을 그린 후 공기알을 쳐서 즐기는 미니 컬링으로 변형하면 모두가 동시에 참여할 수 있다.

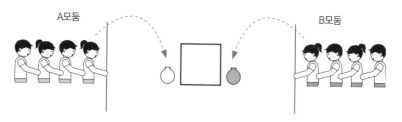

탁구공과
친해지기

탁구공은 셀룰로이드 또는 그와 유사한 물질로 만든 공으로서 지름은
40mm, 무게는 2.7g인 작은 공입니다. 탁구를 치기 위해서는 탁구대
를 설치해야 하는데 자주 접하기 쉽지 않은 경기임엔 틀림없습니다.
이에 탁구공을 이용하여 우리 아이들이 교실에서도 다양한 놀이를 즐
길 수 있도록 여러 놀이를 개발하였습니다.

체육놀이 살펴보기

놀이 1
교실 골프

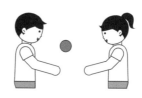

놀이 2
부채 탁구

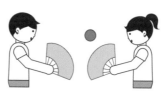

놀이 3
탁구공 전개도

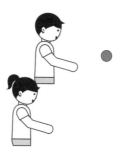

교실 골프

탁구공을 입으로 불어 홀에 넣는 게임입니다.

- **해당영역** : 경쟁 영역
- **활용학년** : 초등 중·고학년
- **게임형태** : 4~6명씩 한 모둠으로 구성
- **준비물** : 탁구공, 종이로 만든 홀

✎ 활동 방법

Step 1

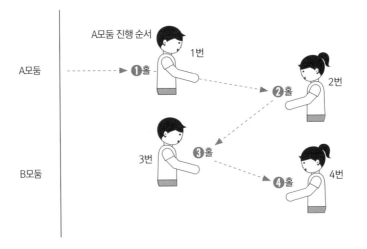

❶ 아래의 사진처럼 종이를 접어서 홀을 6~7개 만든다.

❷ 모둠별로 진행할 홀의 순서를 정한다.(예를들어 A모둠은 1번 홀, B모둠은 2번 홀에서 시작한다.)

❸ 모둠원들은 입으로만 공을 불어서 순서대로 정해진 홀을 통과한다.

❹ 모든 모둠원이 순서대로 정해진 각 홀을 모두 통과하면 경기가 종료된다.

❺ 각 모둠의 타수를 계산해 타수가 적은 모둠이 승리한다.

❗ **주의할 점**

❶ 공을 한 번 불 때마다 한 타씩 추가된다.

❷ 점수를 기록하는 학생은 상대편 모둠원의 타수를 기록한다.

부채 탁구

책상 위에서 탁구공을 부채로 치고 상대팀으로 보내 떨어뜨리는 게임입니다.

- **해당영역** : 경쟁 영역
- **활용학년** : 초등 고학년, 중등
- **게임형태** : 2명씩 한 모둠으로 구성
- **준비물** : 탁구공, 부채, 책상, 매트

✎ 활동 방법

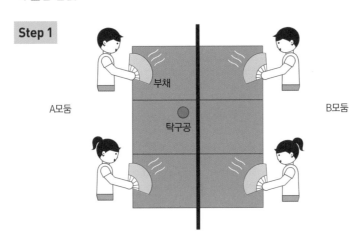

Step 1

A모둠   부채   탁구공   B모둠

❶ 부채를 가지고 두 모둠으로 나누어 선다.

❷ 시작 신호와 함께 탁구공을 놓는 순간 상대편 진영에 탁구공이 떨어지도록 부채질한다.

❸ 탁구공이 떨어진 진영의 모둠이 진다.

Step 2

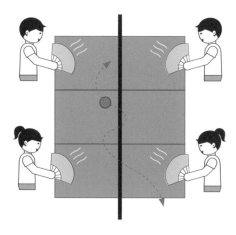

Step 3

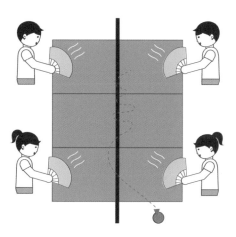

❗ **주의할 점**

게임 시작 전부터 부재질을 해서는 안 된다.

탁구공 전개도

계란판에 탁구공을 던져서 교사가 제시한 다각형을 먼저 만드는 모둠이 승리하는 게임입니다.

- **해당영역** : 도전 영역
- **활용학년** : 초등 중·고학년, 중등
- **게임형태** : 4~6명씩 한 모둠으로 구성
- **준비물** : 탁구공, 계란판

✎ 활동 방법

❶ 출발선에서 모둠원들이 서서 계란판을 향해 탁구공을 던진다.

❷ 탁구공이 바닥에 한 번 튕긴 후 계란판으로 들어가도록 던진다.

❸ 계란판에 탁구공을 가장 많이 넣은 모둠이 승리한다.

❹ 모양을 미리 정하지 않고, 어떤 모양이든 자유롭게 먼저 도형을 만든 팀이 승리하도록 게임 난이도를 조정하여 진행할 수 있다.

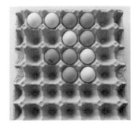

🎮 변형 게임

계란판에 탁구공을 던져서 미리 약속한 도형 모양을 만든다.

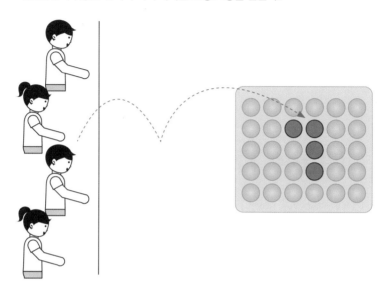

❗ 주의할 점

탁구공이 모두 연결되어 있어야 도형으로 인정된다.

Class Three

Physical Education

스마트하게
끝장내는
체육놀이

친구와 함께 즐기는
준비운동과 정리운동

준비운동과 정리운동은 본 운동을 시작하고 끝마치는데 매우 중요한 과정입니다. 그러나 간혹 우리는 그냥 넘기거나 대충하고 지나는 시간으로 인식하기도 합니다.

과거의 체육시간처럼 운동장을 두 바퀴 돌고 국민체조를 하는 등의 틀에 박힌 준비운동 정리운동이 아닌 아이들 모두 즐겁게 참여할 수 있는 다양한 놀이를 통해 몸을 따뜻하게(warm up)하고 식혀주는 (cool down) 효과를 만끽하게 될 것입니다.

체육놀이 살펴보기

놀이 1
철길을 달려라
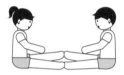

놀이 2
애벌레 달리기

놀이 3
서로 당기며 원 그리기

철길을 달려라

'철길을 달려라' 놀이는 친구의 발 사이를 뛰어 달리면서
하체 근육을 풀어주는 준비운동 게임입니다.

- **해당영역** : 전 영역
- **활용학년** : 초등 저·중학년
- **게임형태** : 전체
- **준비물** : 없음

✎ 활동 방법

Step 1

❶ 서로 마주보고 앉아 짝이 된 친구와 발바닥을 붙인 후, 오른발과 왼발 사이를 30cm 정도 벌려서 철길 모양으로 만든다.

❷ 마지막에 앉아있는 친구부터 열차가 되어 친구 다리 사이를 달려 나간다.

❸ 열차 역할을 한 학생은 친구들의 다리 사이를 달린 후 자기 위치로 와서 앉는다.

❹ 첫 번째 줄의 마지막 학생까지 달린 후 자기 위치로 와서 앉으면 게임이 종료된다.

Step 2

Step 3

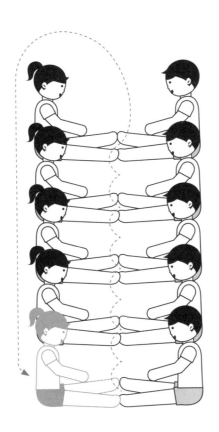

Step 4

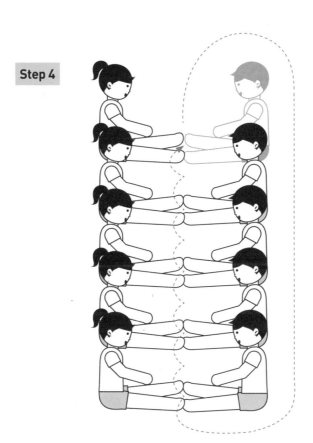

❗ 주의할 점

❶ 친구의 발을 밟지 않도록 주의하면서 비어있는 공간을 정확하게 뛰도록 한다.

❷ 친구들 밖으로 돈 후엔 반드시 안쪽으로 들어와 자기 자리에 앉아야 한다.

애벌레 달리기

'애벌레 달리기' 놀이는 무릎을 꿇고 엎드린 상태에서
앞사람의 발목을 잡고 목표지점을 빠르게 돌아오는 게임입니다.

- **해당영역** : 전 영역
- **활용학년** : 초등 저·중·고학년 , 중등
- **게임형태** : 5~7명을 한 모둠으로 구성
- **준비물** : 의자, 매트

✎ 활동 방법

Step 1

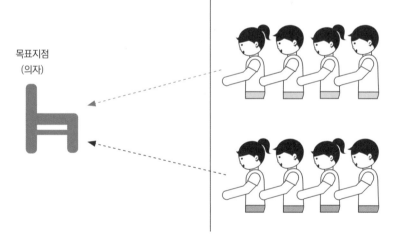

목표지점
(의자)

❶ 게임 전에 애벌레 모양으로 한 바퀴 도는 연습을 한다.

❷ 두 모둠이 일렬로 줄을 선 후, 시작 신호에 맞춰 목표지점(의자까지) 전진한다.

❸ 각 모둠원들이 힘을 합쳐 목표지점(의자)을 돌아 다시 출발점으로 돌아온다.

Step 2

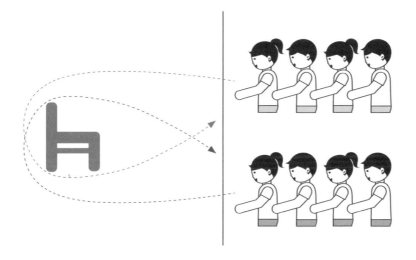

❗ 주의할 점

손과 발을 박자에 맞춰 협동하여 함께 움직여야 부상을 예방할 수 있다.

🎮 변형 게임

모둠별로 출발선에서 뒤로 앉아 친구의 발목을 잡고, 목표지점을 돌아 출발선으로 돌아온다

서로 당기며 원 그리기

'서로 당기며 원 그리기' 게임은 앉은 상태에서 서로 당기며 일어나 원을 그리는 게임으로,
팔과 다리의 근육을 풀어주기 위한 활동입니다.

- **해당영역** : 전 영역
- **활용학년** : 초등 고학년, 중등
- **게임형태** : 2명 또는 단체
- **준비물** : 없음

✎ 활동 방법

Step 1

2인	3인	4인

❶ 2명의 학생이 마주보고 앉은 후 발 앞 끝을 붙이고 서로 손을 잡는다.

❷ 두 사람이 동시에 힘을 주어 일어난 후 상체를 뒤로 젖힌다.

❸ 서로 팽팽하게 끌어당긴 상태에서 원을 그리며 천천히 2바퀴 움직인다.

❹ 2명이 성공하면 3명, 4명씩 차근차근 학생 수를 늘려가며 게임을 한다.

❺ 연습이 익숙해지면 2명씩 짝이 되어 목표지점을 돌아 출발선으로 돌아
오는 경기를 진행한다.

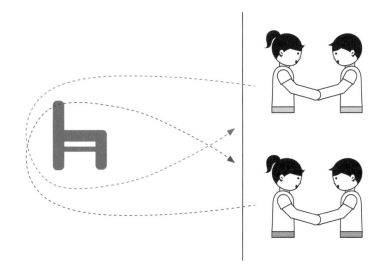

❗ 주의할 점

❶ 손을 잡은 상대방과 서로 박자를 맞추어 가며 회전한다.

❷ 모둠원이 다치지 않게 하기 위해서는 상대방을 믿고, 서로 잡은 손을 놓지 않도록 해야 한다.

🎮 변형 게임

❶ 둘이서 손잡고 돌기 놀이다. 마주보고 앉아 손을 잡는다.

❷ 손을 잡은 상태에서 일어나 상체를 뒤로 젖히고 회전한다.

언플러그드
게임1

요즘은 아이들이 코딩 교육을 통해 논리력 창의력 문제해결력을 키우고 있습니다. 그러나 알고리즘이나 코딩을 이해하는데 유치원생과 초등학생들은 어려워하기도 합니다.

이번에 진행해볼 언플러그드 게임은 컴퓨터 앞에 앉아서 이해하기 어려운 활동들을 실제 몸으로 움직이면서 자연스럽게 익히고 이해하는 놀이들로 구성되었습니다. 이 활동들을 통해 아이들은 알고리즘의 원리를 쉽게 체득하게 될 것입니다.

체육놀이 살펴보기

놀이 1

신호에 따라 행동하기

놀이 2

놀이봇 게임

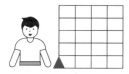

놀이 3

바둑돌을 옮겨라

신호에 따라 행동하기

- **해당영역** : 소프트웨어 교육
- **활용학년** : 초등 고학년, 중등
- **게임형태** : 4~5명씩 한 모둠으로 구성
- **준비물** : 신호-행동 보드판

✎ **활동 방법**

Step 1

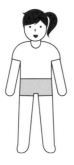

1번

2번

3번

4번

❶ 신호를 줄 모둠원 한 명이 나와서 앞에 있는 모둠원들에게 이야기를 하며 신호를 보낸다.

❷ 신호를 받은 해당 모둠원은 행동을 실행한다.

❸ 마지막 신호인 박수를 치면 앞에 있는 모둠원들은 모두 동시에 행동을 실행한다.

TIP

신호와 행동을 다양하게 변형해서 게임을 진행할 수 있다.

Step 2

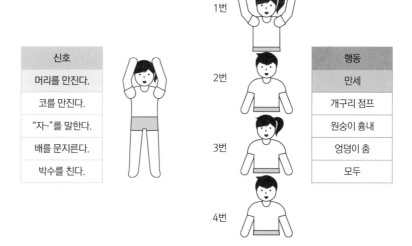

신호
머리를 만진다.
코를 만진다.
"자~"를 말한다.
배를 문지른다.
박수를 친다.

행동
만세
개구리 점프
원숭이 흉내
엉덩이 춤
모두

1번

2번

3번

4번

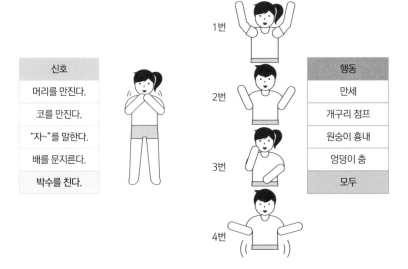

신호
머리를 만진다.
코를 만진다.
"자~"를 말한다.
배를 문지른다.
박수를 친다.

행동
만세
개구리 점프
원숭이 흉내
엉덩이 춤
모두

🎮 변형 게임

반복되는 낱말이 있는 시를 지어서 낱말을 신호로 하고 행동을 정해서 게임을 할 수 있다.

놀이봇 게임

놀이봇 게임은 조건을 활용하여 놀이봇(친구)이 목적지까지 갈 수 있는 프로그램을 만드는 게임입니다.

- **해당영역** : 소프트웨어 교육
- **활용학년** : 초등 저·중·고학년
- **게임형태** : 5~7명씩 한 모둠으로 구성
- **준비물** : 명령어 카드, 접시콘, 라바콘

활동 방법

Step 1

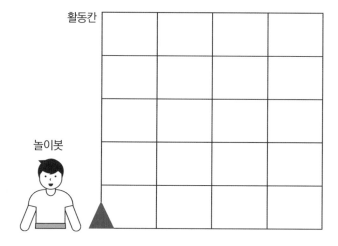

활동칸

놀이봇

❶ 모둠원 중 한 명은 '놀이봇'이 되어 활동칸의 출발 지점에 선다.

❷ 나머지 모둠원들은 출발선에 서고, '조건 명령어 카드'(⇧, ⇨, ⌐)를 준비한다.

❸ 모둠원이 한 명씩 달려가서 조건 명령어 카드를 들고 놀이봇에게 보여준다. 놀이봇은 카드를 보고 움직인다.

❹ 놀이봇이 목적지까지 가장 빨리 도착한 모둠이 승리한다.

Step 2

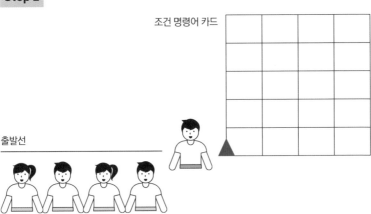

TIP

조건 명령어 카드가 있는 곳까지 빨리 달려가서 카드를 놀이봇에게 제시해야 놀이봇이 도착지점에 먼저 도착할 수 있다.

🎮 변형 게임

❶ 놀이봇이 목적지까지 가는 시간을 기록하여 승패를 가릴 수 있다.

❷ 3개의 모둠이 서로 다른 출발지점에서 동시에 출발하여 목적지에 가장 먼저 도착하는 모둠이 승리하는 방법으로 진행할 수도 있다.

바둑돌을 옮겨라

'바둑을 옮겨라' 게임은 정해진 규칙이나 순서에 따라 바둑돌을 옮기는 게임입니다.

- **해당영역** : 소프트웨어 교육
- **활용학년** : 초등 중 · 고학년
- **게임형태** : 4~8명씩 한 모둠으로 구성
- **준비물** : 접시콘

✎ 활동 방법

Step 1

❶ 흰 돌과 검은 돌 역할의 모둠원들이 양쪽 2칸에 각각 선다.

❷ 흰 돌과 검은 돌 역할의 모둠원들이 직접 이동 방향을 잡기 어려울 경우엔 다른 모둠원이 바둑돌의 방향을 알려줄 수도 있다.

❸ 흰 돌과 검은 돌의 위치를 규칙에 맞춰 서로 바꾼다.

Step 2

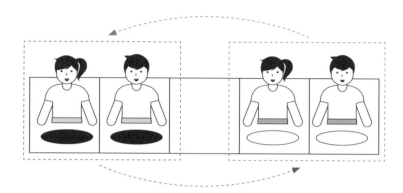

게임 규칙

❶ 빈 곳이 있으면 빈 곳으로 바로 옆 돌이 한 칸 이동할 수 있다.

❷ 돌은 한 개의 돌을 점프하여 이동할 수 있지만 두 개의 돌을 점프하여 넘을 수는 없다.

🎮 변형 게임

게임에 익숙해지면 참여 인원을 늘려가며 게임을 진행할 수 있다.

언플러그드
게임2

앞서 진행한 언플러그드 놀이들은 실제 몸으로 움직이면서 자연스럽게 알고리즘을 익히고 이해하는 놀이로 구성되었습니다. 이번 장에서는 좀 더 복잡한 게임을 진행하며 알고리즘의 원리를 쉽게 체득하고 폭 넓은 이해력을 키우게 될 것입니다.

체육놀이 살펴보기

놀이 1 인간 하노이 탑 쌓기   **놀이 2** 십진수 술래잡기

놀이 3 정렬망 놀이   **놀이 4** 멀리뛰기 술래잡기

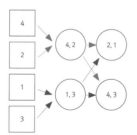

인간 하노이 탑 쌓기

높은 층이 낮은 층 위에 올라갈 수 없는 조건을 바탕으로 쌓아 올리는 인간 탑쌓기 게임입니다.

- **해당영역** : 소프트웨어 교육
- **활용학년** : 초등 고학년, 중등
- **게임형태** : 6명씩 한 모둠으로 구성
- **준비물** : 접시콘

✎ 활동 방법

❶ 1층 3명, 2층 2명, 3층 1명의 인간 탑을 쌓은 후, 1m 간격으로 삼각형으로 접시콘으로 코스를 표시 해 놓는다.

❷ 1번 코스에 인간탑을 쌓고 교사가 다음 코스 번호를 외치면 1층, 2층, 3층이 직접 이동하면서 순서에 맞게 다시 쌓는다.

❸ 예를들어 교사가 2번 코스를 외치면 3층, 2층, 1층의 순서로 움직이면서 2번 코스에 1, 2, 3층 순서로 인간 탑을 쌓는다.

❹ 위에는 항상 높은 층이 있어야한다. 즉, 1층 위에는 2, 3층, 2층 위에는 3층만 올라갈 수 있다.

❺ 이러한 방법으로 인간 탑을 옮겨 지정한 코스로 먼저 옮기는 모둠이 승리한다.

게임 규칙

❶ 큰 원판을 작은 원판 위에 쌓을 수 없다.

❷ 원판은 한 번에 하나씩만 움직일 수 있다.

십진수 술래잡기

컴퓨터는 이진수(0, 1)로 되어있지만 인간은 십진수를 사용합니다. 이 개념을 술래잡기
놀이로 이해하는 게임입니다.

- **해당영역** : 소프트웨어 교육, 경쟁 영역
- **활용학년** : 초등 저·중학년
- **게임형태** : 술래 1명과 전체가 참여
- **준비물** : 라바콘

✎ 활동 방법

Step 1

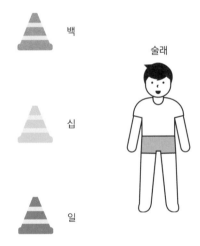

❶ 수의 단위에 라바콘을 세워 구분한 후, 술래 1명을 정한다.

❷ 수의 단위에 따라 모둠원들은 서로 다른 색의 조끼를 입는다.

❸ 교사가 숫자를 얘기하면 술래는 수의 단위에 맞는 모둠원들을 데리고 와서 그 숫자를 만든다.

❹ 예를 들어, 234번을 외치면 백의 자리 친구 2명, 십의 자리 친구 3명, 일의 자리 친구 4명을 데리고 와서 콘의 위치에 맞게 세운다.

Step 2

보라색 : 일의 자리
연두색 : 십의 자리
주황색 : 백의 자리

강당

정렬망 놀이

순서대로 나열되어 있는 정보를 컴퓨터가 어떤 방식으로 정렬하는지 알고리즘을 익힐 수 있는 게임입니다.

- **해당영역** : 소프트웨어 교육
- **활용학년** : 초등 저·중·고학년
- **게임형태** : 6~8명씩 한 모둠으로 구성
- **준비물** : 접시콘, 화살표, 숫자 카드

소프트웨어 교육 용어 정리!

컴퓨터 숫자 이진수(0, 1)
- 컴퓨터 내부는 데이터를 이진수인 0과 1의 형태로 저장하고 전달한다.
- 컴퓨터에서 처리하는 정보는 문자를 단위로 하여 표시하는데 정보 표현의 최소 단위가 바로 비트이다. 비트 하나로는 0, 1 두 가지 표현만 가능하다.

정렬(sort)은 무엇인가?
- 컴퓨터는 일련의 목록을 정렬하는 일을 한다. 정렬된 목록은 검색하는 데 편리하고, 값들은 보기 좋게 한다.
- 다양한 정렬 알고리즘: 선택 정렬, 삽입 정렬, 버블 정렬, 퀵 정렬, 병합 정렬

정렬망
- 정렬망은 동시에 여러 개를 비교해서 정렬을 할 수 있는 네트워크를 말한다.

활동 방법

Step 1

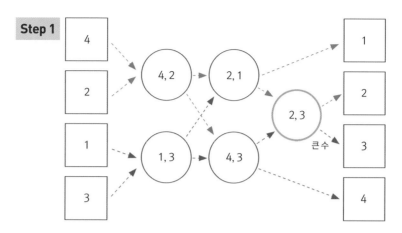

❶ 활동을 위해 정렬망 그림을 바닥에 접시콘으로 놓은 후 각 경로는 표시 테이프로 표시한다.

❷ 한 번에 한 팀만 정렬 놀이 활동을 할 수 있다.

❸ 각 모둠원은 숫자가 적힌 카드를 받고 난 후, 무작위로 썩어서 출발점의 사각형 위에 선다.

❹ 각 모둠원은 화살표 선을 따라 움직이고, 콘에 도착하면 다른 친구가 도착할 때까지 기다린다.

❺ 다른 모둠원이 콘에 도착했다면 카드를 비교한다. 숫자가 더 작은 카드를 가진 사람은 왼쪽 화살표를, 숫자가 큰 카드를 가진 사람은 오른쪽 화살표를 따라 이동한다.

❻ 반대쪽 끝에 모두 도착할 때까지 비교하고 최종 정렬 결과를 확인한다.

TIP

숫자가 아닌 키순서 등 다양한 정렬 방법을 응용할 수 있다.

멀리뛰기 술래잡기

다양한 방법으로 멀리 뛰기를 하여 술래를 잡는 게임입니다.

- **해당영역** : 소프트웨어 교육, 도전 영역
- **활용학년** : 초등 저·중·고학년
- **게임형태** : 6~8명씩 한 모둠으로 구성
- **준비물** : 없음

✎ 활동 방법

Step 1

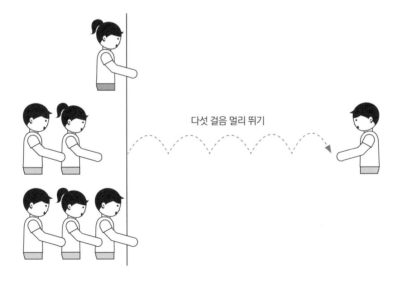

다섯 걸음 멀리 뛰기

❶ 술래 1명을 정하고, 나머지 모둠원들은 모두 출발선에 선다.

❷ 술래가 아닌 모둠원은 출발선에서 다섯 걸음 멀리뛰기를 하고 출발선을 향해 돌아선다.

❸ 술래는 네 걸음을 뛰고 그 자리에서 손을 뻗어 모둠원을 잡는다.

❹ 출발선으로 돌아오지 못한 모둠원들과 술래에게 잡힌 모둠원들이 모두 모여 가위바위보로 다음 술래를 정한다.

❗ 주의할 점

모둠원과 술래 모두 멀리뛰기를 한 만큼만 뛰어서 다시 출발선으로 돌아와야 한다.

폴짝 뛰어
줄넘기를 돌려봐요 (기본 동작편)

1. 줄넘기 시작하기 - 강당

줄의 종류 1. 구슬 줄넘기 초급, 저학년에서 사용하는 줄넘기

줄의 종류 2. 스피드 줄넘기 중급, 고학년에서 사용하는 줄넘기

줄의 종류 3. 와이어 줄넘기 상급, 숙달된 사람이 사용하는 줄넘기

❗ 주의할 점

❶ 좌우 · 앞뒤로 안전한 거리를 확인한 후 시작해야 한다.

❷ 부상의 우려가 있기 때문에 줄넘기로 장난을 치지 않도록 한다.

❸ 나에게 맞는 줄의 길이 선택하기

➜ 발로 줄넘기를 걸었을 때, 처음에는 가슴 위치에서 시작하여 숙달되면 배꼽 위치로 줄의 길이를 조절하는 것이 좋다.

2. 줄넘기의 기본 스텝 – 강당[8]

(1) 스피드 줄을 이용한 거미줄모양 만들기

오른줄을 왼줄 위에 건다.

오른손잡이를 왼손목과 줄 사이로 넣는다.

오른쪽으로 쭈욱 밀어낸다.

양팔을 벌리면 거미줄 모양이 만들어진다.

8   인천시교육청. 줄넘기 지도서 및 자료개발 보고서의 내용 및 이미지를 참고하였다.

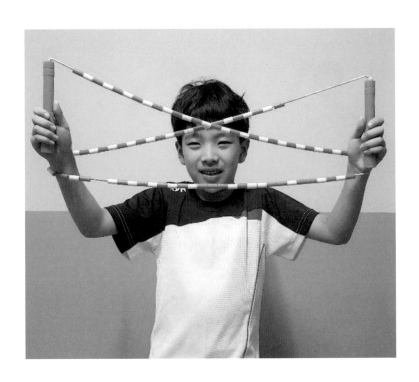

(2) 모둠이 함께 별모양 만들기: 음악줄넘기 등의 마무리 동작에 활용

모둠이 만드는 별모양

① **2도약 양발 뛰기**: 양발을 모아 줄을 한 번 돌릴 때 두 번씩 뜁니다.

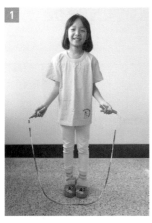

② **양발 뛰기**: 양 발을 모아 뛰는 동작입니다.

③ **번갈아 뛰기**: 왼발을 먼저 땅에 딛고 오른발을 든 다음 오른발을 딛고 왼발을 듭니다.

④ **번갈아 2번 뛰기**: 번갈아 뛰기와 같은 방법으로 왼발로 디디며 두 번 뛰고 오른발로 디디며 두 번 뜁니다.

⑤ **십자 뛰기**: 번갈아 두 박자 뛰기 요령으로 좌우전후로 이동합니다.

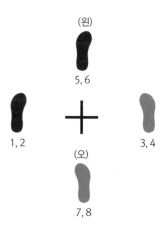

⑥ **발 벌려 뛰기(좌우)**: 양 발을 좌우로 벌렸다 붙이는 동작을 반복하며 뛰는 동작입니다.

⑦ **발 벌려 뛰기(앞뒤):** 양 발을 앞뒤로 벌렸다 붙이는 동작을 반복하며 뛰는 동작입니다.

⑧ **지그재그 뛰기:** 다리를 어깨넓이 정도로 벌리며 뛰고 왼발이 앞으로 나오게 하여 발을 교차하여 뜁니다. 발을 바꾸어 같은 방법으로 뜁니다.

  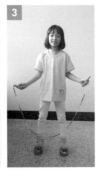 

⑨ **앞 흔들어 뛰기:** 왼발을 뒤로 들어 엉덩이에 닿게 하며 오른발로 줄을 넘고, 뒤로 들었던 왼발을 살짝 앞으로 펴 줍니다. 발을 바꾸어 같은 방법으로 뜁니다.

⑩ **옆 흔들어 뛰기**: 줄을 넘으면서 왼발을 옆으로 들고 왼발을 땅에 디디면서 오른발을 옆으로 듭니다. 발을 바꾸어 같은 방법으로 뜁니다.

⑪ **뒤 들어 뛰기**: 왼발을 뒤로 들어 엉덩이에 닿게 하며 오른발로 줄을 넘고 뒤로 들었던 왼발을 모으면서 양발로 줄을 넘습니다. 발을 바꾸어 같은 방법으로 뜁니다.

⑫ **무릎캉캉 뛰기:** 앞 흔들어 무릎 들어 뛰기와 같은 방식으로 왼발을 뒤로 들어 엉덩이에 닿게 하며 오른발로 줄을 넘고 뒤로 들었던 왼발을 살짝 앞으로 펴 주고 무릎을 앞쪽으로 90도 굽혀 듭니다. 양발을 다시 모으며 뜁니다.

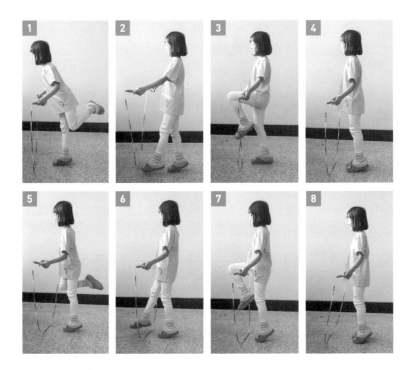

3. 줄넘기 기본 동작 – 강당

① **8자:** 줄을 몸 앞에서 ∞자 모양을 그리며 좌우로 돌리고 무릎을 약간씩 굽혀 리듬을 줍니다. 줄이 바닥을 칠 때 몸 앞에서 치지 말고 몸의 양 옆에서 칩니다.

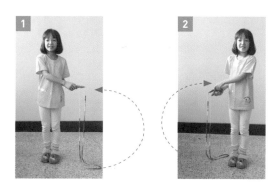

② **8자 변형:** 8자 돌리기를 빠른 속도로 왼쪽에서 2번씩 돌리고 오른쪽에서 2번씩 돌립니다.

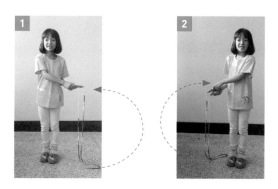

③ **되돌리기:** 양손을 모아 8자 돌리기 동작으로 왼쪽 바닥을 살짝 치고 왼손은 뒤로 완전히 돌려 오른쪽 허리 끝까지 보내주고 오른손은 왼쪽 허리 부분에서부터 손목을 돌려 가슴 앞으로 내밀어 줍니다. 넘어오는 줄이 오른쪽 바닥을 칠 때 양손을 가볍게 펴 주고 다시 줄을 앞으로 넘깁니다.

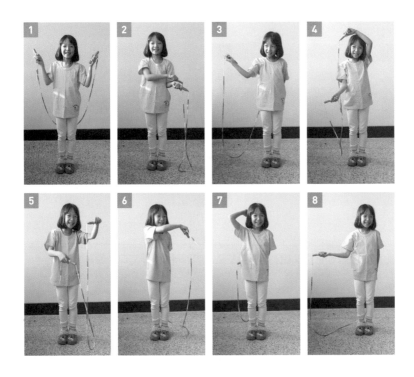

④ **팔 감기:** 감기 4박자, 풀기 4박자로 진행합니다.

왼쪽 감고 오른쪽 풀기

오른쪽 감고 왼쪽 풀기

4. 짝하고 재미있게 하는 줄넘기 - 강당

① **2인 맞서 뛰기**: 한 줄로 두 사람이 마주보고 서서 줄을 넘습니다.

② **2인 번갈아 뛰기**: 줄을 함께 돌리면서 한 사람씩 번갈아 뜁니다.

③ **옆 나란히 뛰기**: 줄을 돌리면서 함께 뜁니다.

④ **차이니스 2인 뛰기**: 두 개의 줄을 엇걸어 잡고 한사람이 먼저 줄을 넘으면 다른 사람이 반회전 차이로 줄을 넘으며, 줄을 넘길 때에는 두 줄 중 뒤쪽에 있는 줄을 먼저 돌립니다.

풀짝 뛰어
줄넘기를 돌려봐요 (심화편)

1. 긴 줄넘기를 활용한 다양한 활동

① **8자 줄넘기**: 2명이 가는 줄로 돌리고 나머지 10명이 8자 형태를 그리며 줄 안에 들어가 한 번 넘고 나갑니다.

② **다함께 뛰기**: 이 한번 돌아갈 때 한 명씩 들어가는 종목으로 전원이 들어가면 계수를 시작합니다.

③ **더블터치(쌍줄)**: 쌍 줄을 양손에 잡고 줄을 돌리는데 이때 1명이 리더가 되어 먼저
돌리고 나머지 한 명은 허리에 고정시키고 리더가 돌리는 줄에 맞춰 돌립니다.

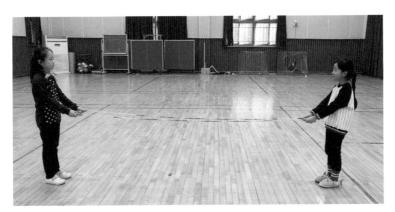

모둠 도전놀이

✎ **활동 방법**

Step 1

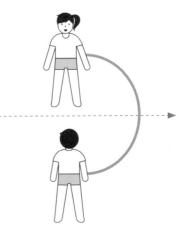

Step 2

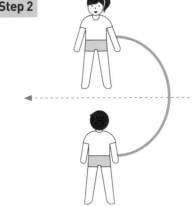

❶ 8명씩 모둠으로 구성한다.

❷ 2명의 모둠원은 줄을 돌리고, 나머지 모둠원들은 한 줄로 서서 차례대로 줄을 넘는다.

❸ 모둠원 두 명씩 짝을 지어 차례로 줄을 넘는다.

❹ 2명은 줄을 돌리고, 나머지 학생은 1번부터 6번까지 한 줄로 서서 달려 가서 줄을 넘어간다. 6번 학생까지 끝나고 나면 1,2번, 3,4번, 5,6번 학생 이 함께 달려가서 줄을 넘는다.

❺ 이런 방식으로 3명, 6명이 달려가 줄을 넘는다.

❻ 실패하지 않고 6명이 함께 달려가 줄을 넘을 때까지의 시간을 측정해 가 장 빨리 끝낸 모둠이 승리한다.

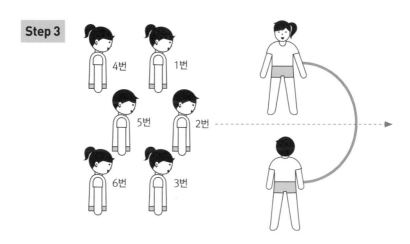

Step 3

4번 1번
5번 2번
6번 3번

🎮 변형 게임

❶ 인원은 학급 수에 따라 조절할 수 있다.

❷ 학급학생을 2개 모둠으로 구성하여 긴 줄 을 한명씩 통과하여 가장 빨리 끝내는 게 임으로 변형하여 진행할 수 있다. '눈치게 임'과 같은 방식으로 진행한다.

최후의 1인 뽑기

✎ 활동 방법

❶ 2명은 줄을 돌리고, 8명씩 긴 줄에 선다.

❷ 줄을 돌리고 걸린 사람은 안전지역으로 가서 대기한다.

❸ 최후의 1인이 나올 때 까지 줄을 돌려서 마지막 승자를 가린다.

🎮 변형 게임

❶ 인원은 학급 수에 따라 조절할 수 있다.

❷ 줄돌이를 제외한 나머지 학생은 한 줄로 서고, 서로 눈치를 보다가 먼저 달려서 긴 줄을 뛰어 넘어가는 '긴 줄 눈치게임'으로 변형하여 진행할 수 있다.

가위바위보

✎ 활동 방법

❶ 두 모둠으로 나눈다.

❷ 먼저 첫 번째 모둠원이 들어가서 가위바위보를 한다.

❸ 가위바위보를 해서 이긴 모둠원은 줄 안에 남고, 진 모둠원은 밖으로 나온다.

❹ 다음 모둠원이 차례로 들어가 다시 가위바위보를 하고, 마지막까지 남은 모둠원이 속한 모둠이 승리한다.

🎮 변형 게임

인원은 학급 수에 따라 조절할 수 있다.

고급 긴 줄넘기 게임
1, 2, 3, 4, 5 줄 여행

✎ 활동 방법

❶ 6명을 한 모둠으로 구성한다.

❷ 5명은 1열 횡대로 선다.

❸ 나머지 한 명은 기본 2도약으로 줄을 넘으며 옆으로 이동한다.

❹ 줄 서있는 모둠원들은 제자리에서 자기 순서에 따라 줄을 넘는다.

❺ 다시 반대방향으로 1도약으로 빠르게 줄을 넘으며 옆으로 이동한다.

❻ 1회전이 끝나면 서 있는 모둠원들은 2명씩 줄을 서서 넘는다.

❼ 다시 한 번 1회전이 끝나면 3명(4,5명)이 줄을 서서 넘는다.

❽ 가장 빨리 끝나는 모둠이 승리한다.

❗ 주의할 점

상급 학생들에게 적합한 게임이기 때문에 사전에 충분한 연습이 이루어진 상태에서
게임을 진행하는 것이 좋다.

리듬에
몸을 맡겨봐! (점프밴드)

티니클링(뱀부 댄스)은 대나무가 많이 나는 필리핀, 태국, 베트남, 말레이시아, 인도네시아 등 동남아 지역에서 주로 추는 춤입니다. 그러나 대나무 사이를 넘나들다가 혹시라도 딴 생각을 하거나 박자를 놓치게 되면 발목이 대나무 사이에 끼는 낭패를 보게 되기도 합니다.

음악은 시간이 지날수록 빨라지고 그에 맞춰 발도 점점 더 빨리 움직여야 하기 때문에 '점프밴드'는 학생들에게 안전하고 즐겁게 즐길 수 있도록 고안한 것으로 걸려서 넘어지거나 발목이 다치는 것을 안전하게 방지해줍니다.

1. 점프밴드 - 강당

⟨점프밴드의 특성 및 효과⟩

- 남녀노소 누구나 언제 어디서든 손쉽게 할 수 있다.

- 부상의 위험이 매우 낮다.

- 개인 또는 단체 운동으로 즐길 수 있다.

- 유산소 운동으로 심폐 지구력이 좋아진다.

- 근력 및 근지구력이 좋아진다.

- 순발력 및 협응력이 좋아진다.

- 협동심 및 친밀감이 형성된다.

- 창작능력이 증진된다.

- 체중 조절이나 체지방 감소에 효과적이다.

'점프밴드'는 점프를 하며 넘어지거나 다치는 것을 예방하고, 안전하고 즐겁게 표현 활동을 즐길 수 있도록 고안된 것입니다. 보통은 점프밴드를 발목에 걸어 착용하고 활동을 진행하며 음악에 맞추어 뛰거나 달리는 게임을 할 수 있습니다.

① **좌우 벌려 뛰기(STRADDLE JUMP):** 12시 방향으로 양발 모아 안쪽 2번 뛰고, 양 발 벌려 바깥쪽 2번 뛰기

LR은 발바닥을 표현하고 있으며 R은 오른발, L은 왼발을 뜻합니다

② **좌우 벌려 뛰고 돌기(STRADDLE JUMP TURN):** 12시 방향으로 양발 모아 안쪽 2 번 뛰고, 오른쪽 뒤로 돌아 6시 방향 양발 벌려 바깥쪽 2번 뛰기

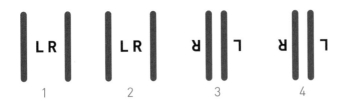

③ 앞뒤 벌려 뛰기(STRIDE JUMP)

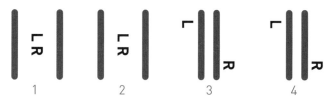

→ 3시 방향 양발 모아 안쪽 2번 뛰고, 오른발 앞으로 2번 가위 뛰기

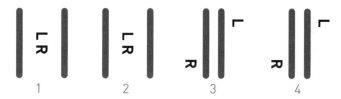

→ 3시 방향 양발 모아 안쪽 2번 뛰고, 왼발 앞으로 2번 가위 뛰기

④ 앞뒤 벌려 뛰고 돌기(STRIDE JUMP)

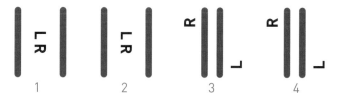

→ 3시 방향으로 양발모아 안쪽 2번 뛰고, 오른쪽 턴 9시 방향 오른발 앞으로 2번 가위 뛰기

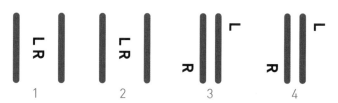

→ 9시 방향으로 양발모아 안쪽 2번 뛰고, 왼쪽 턴 3시 방향 왼발 앞으로 2번 가위 뛰기

⑤ 섞어 뛰기(COMBINATION JUMP)

➜ 12시 방으로 양발모아 안쪽 2번 뛰고, 12시 방향 바깥쪽 양발 1번 뛰고, 왼쪽 턴 9시 방향 왼발 앞으로 1번 가위 뛰기

➜ 12시 방으로 양발모아 안쪽 2번 뛰고, 12시 방향 바깥쪽 양발 1번 뛰고, 왼쪽 턴 9시 방향 왼발 앞으로 1번 가위 뛰기

⑥ 지그재그 뛰기(SLALOM JUMP)

➜ 12시 방향으로 양발모아 안쪽 2번 뛰고, 양발 모아 오른 바깥쪽 2번 뛰기

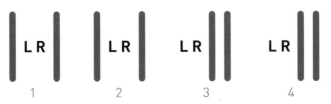

➜ 12시 방향으로 양발 모아 왼쪽 2번 뛰고, 양발 벌려 바깥쪽 2번 뛰기

⑦ 폴짝 뛰기(HOPSCOTCH)

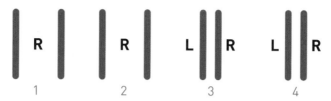

→ 12시 방향으로 오른발 안쪽 2번 뛰고, 양발 벌려 바깥쪽 2번 뛰기

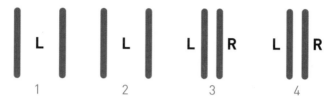

→ 12시 방향으로 왼발 안쪽 2번 뛰고, 양발 벌려 바깥쪽 2번 뛰기

⑧ 폴짝 뛰고 돌기(HOPSCOTCH TURN)

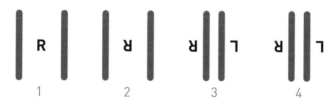

→ 12시 방향으로 오른발 안쪽 1번 뛰고, 오른쪽 턴 6시 방향 오른발 안쪽 1번 뛰고, 6시 방향으로 양발을 벌려 바깥쪽 2번 뛰기

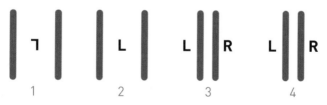

→ 6시 방향으로 왼발 안쪽 1번 뛰고, 오른쪽 턴 12시 방향 왼발 안쪽 1번 뛰고, 12시 방향 양발 벌려 바깥쪽 2번 뛰기

⑨ **거꾸로 폴짝 뛰기(REVERSE HOPSCOTCH)**

→ 12시 방향으로 양발 모아 안쪽 2번 뛰고, 오른발 오른 바깥쪽 2번 뛰기

→ 12시 방향으로 양발 모아 안쪽 2번 뛰고, 왼발 왼 바깥쪽 2번 뛰기

⑩ **한 발 번갈아 뛰기(LEAP&HOP)**

→ 12시 방향으로 오른발 안쪽 2번 뛰고, 왼발 왼 바깥쪽 2번 뛰기

→ 12시 방향으로 왼발 안쪽 2번 뛰고, 오른발 오른 바깥쪽 2번 뛰기

⑪ 양 발 번갈아 뛰기(RUN&HOP)

→ 12시 방향으로 오른발, 왼발 안쪽 번갈아 뛰고, 오른발 오른 바깥쪽 2번 뛰기

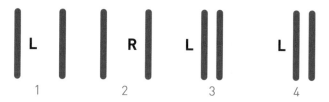

→ 12시 방향으로 왼발, 오른발 안쪽 번갈아 뛰고, 왼발 왼 바깥쪽 2번 뛰기

⑫ 크로스오버 뛰기(CROSSOVER LEAP)

→ 12시 방향으로 왼발, 오른발 안쪽 번갈아 뛰고, 왼발이 오른발 뒤로 이동하면서 왼발 오른 바깥쪽 2번 뛰기

→ 12시 방향으로 오른발, 왼발 안쪽 번갈아 뛰고, 오른발이 왼발 뒤로 이동하면서 오른발 왼 바깥쪽 2번 뛰기

1 점프밴드 고정을 위해 운동화 줄 안으로 밴드를 통과시켜 착용한다.

2 실내화를 신는 경우 점프밴드를 발바닥에 걸어 밴드를 고정시키면 편하게 활동할 수 있다.

3 점프밴드를 발목에 걸지 않고 손으로 잡고 움직일 수도 있다.

2. 모둠별로 점프밴드 창작 표현 만들고 발표하기 – 강당

✎ 활동 방법

❶ 연습할 노래를 정한다.

❷ 창작 표현할 동작을 만든다.

1번 동작	2번 동작	3번 동작	4번 동작	5번 동작

❸ '점프밴드 창작 표현 활동지'에 표현할 동작을 적는다.

❹ 창작 표현 동작을 연습한다.

❺ 연습한 창작 표현 동작을 발표한다.

❗ 토의할 발문

창작 표현 동작을 만들고 발표해 본 소감 이야기하기

전 과목을 가르치는 담임교사제인 초등학교 선생님들에게 체육수업은 정말 어렵고 부담스러운 과목임에 틀림없습니다. 우선 체육복으로 갈아입고 덥거나 추운 야외에 나가서 큰 소리로 이야기해야 하고 여러 가지 교구도 미리 준비해야하며 선생님 본인의 운동기능도 뛰어나지 않기 때문입니다. 저도 이런 어려움 때문에 체육수업을 기피하고 싶을 때가 한두 번이 아니었습니다. 그렇지만 하루 종일 앉아서 책과 씨름하고 그것도 모자라 하교 후 학원이나 공부방을 돌아다니며 하기 싫은 공부에 매여 사는 우리 아이들을 생각해볼 때 체육은 어쩌면 교과수업 그 이상의 오아시스 같은 존재일 것입니다.

문제행동을 보이는 아이들에게 효과가 좋다는 상담 프로그램을 찾아서 적용해 보기도하고 상담선생님을 연결해서 오랜 시간 상담을 해보기도 했지만 항상 결과는 만족스럽지 못했습니다. 그러나 저는 확신합니다. 그 어떤 프로그램이나 오랜 시간의 상담보다도 효과적인 것이 바로 아이들과 함께 즐기는 체육수업임을 말입니다.

즐거운 체육놀이를 통해 아이들이 신나게 뛰고 웃는 모습에서 교사인 저도 보람과 행복을 느끼게 됩니다. 그리고 이러한 행복은 아이들을 통해 집에까지 전해져 학부모와의 소통도 자연스럽게 이루어집니다. 아이들은 학교에서 있었던 일들 중 가장 기억에 남고 즐거웠던 기억을 집에 가서 이야기합니다. 밝은 모습의 아이가 학교에서의 일들을 숨차게 이야기하는 과정에서 부모는 왠지 모르게 담임선생님에 대한 호감을 갖게 됩니다. 이러한 호감은 자연스럽게 학생과 교사 그리고 부모 간에 신뢰를 갖게 하고 이러한 과정에서 아이들은 긍정적인 변화를 보이게 됩니다.

단순히 놀이를 한다고 해서 학생의 문제행동이 고쳐지거나 아이들이 긍정적인 정서를 형성하지는 않습니다. 놀이에 의미가 들어가고 학습이 가미가 되어야 아이들도 놀을 통해 즐겁게 수업에 참여하고 긍정적인 변화를 일으키게 되는 것입니다. 체육놀이는 단순히 체육수업이라는 교사의 고민을 해결하는 것뿐만 아니라 아이들의 심리, 정서적인 변화를 이끌어내고 단단한 마음 밭을 형성하여 행복한 생활을 하는데 꼭 필요한 도구가 되리라 기대합니다.

이 시간에도 아이들에게 즐거운 체육수업을 마련해주기 위해 고민하면서 최선을 다하는 현장의 선생님들께 다시 한 번 감사의 인사를 올립니다. 이 책에서 소개한 체육놀이가 학생과 선생님 모두에게 행복의 마중물이 되길 바랍니다. 이 책을 읽은 선생님은 이제 체육놀이의 전문가이며, 아이들에게 인기 있는 선생님이 될 것입니다.

이제 선생님은 체육수업을 쉽게 느끼게 될 것입니다.
체육수업에서 무엇을 가르쳐야할지 고민이 사라지게 될 것입니다.
운동기능이 부족해도 누구나 쉽게 수업을 하게 될 것입니다.

참고 문헌

Bredekamp, S. (1993). Myths about developmentally appropriate practice: A response to Fowell and Lawton. Early Childhood Research Quarterly, 8, 117–119.

king, N. R. (1979). Play: The kindergartner's perspective. Elementary School Journal, 80, 81–87.

Orlick, Terry (2006). Cooperative Games and Sports: Joyful Activities for Everyone (Second Ed). Champaign, IL: Human Kinetics Publishers.

Pangrazi, R. P., & Beighle, A. (2013). Dynamic physical education for elementary school children. (17th ed.). Pearson Education.

경기도교육청(2016). 초등학교 생존수영교육 표준교육과정.

고문수, 엄혁주 외 2인(2018). 초등체육교육론. 교육과학사.

교육부(2015). 체육과 교육과정. 교육부 고시 제2015-74호[별책11].

교육부(2016). 교육부 생존수영 표준 교육과정 개발 자료.

교육부(2017). 2015 개정 초등학교 체육과 교육과정 연수 ppt.

서지영(2016). 2015 개정 체육과 교육과정 내용의 변화와 의미. 2016년 한국체육교육학회 · 한국교육과정평가원 공동 춘계 학술대회 자료집.

양은우(2016). 처음 만나는 뇌과학 이야기. 카시오페아.

엄혁주 외 1인(2015). 교실체육. 교육과학사.

엄혁주(2016). 생존수영. 부크크출판사.

인천시교육청. 줄넘기 지도서 및 자료개발 보고서.

존 레이티, 에릭 헤이거먼(2007). 운동화 신은 뇌. 이상헌 옮김(2009). 북섬.

참고 이미지

교실체육, 교육과학사

근육의 활성 이미지. 구글, PUBLY

마더테레사, 나무위키

미션임파서블 클립영상. 유튜브

스쿠터패들 교구. 키드짐

아이티 아이들과 함께한 션. 한국컴패션.

언플러그드 게임은 컴퓨터 앞에 앉아서 이해하기 어려운 활동들을

움직이는 학교 편. TVN 수업을 바꿔라

키드짐, 인터존코리아

정상 심박수 범위. 토이, 티스토리

미세먼지, 황사, 비오는 날…
오늘 체육 시간은 무엇을 할까?

실내에서
끝장내는 체육놀이

초판 1쇄 발행 2018년 12월 20일
초판 4쇄 발행 2022년 11월 30일

지은이 엄혁주
편집 장인영
마케팅 윤유림
디자인 올컨텐츠그룹

펴낸곳 ㈜아이스크림미디어
출판등록 2013년 12월 11일
신고번호 제2013－000115호
주소 경기도 성남시 분당구 판교역로 225-20 시공빌딩
전화 1544-3070
팩스 02-6280-5222
홈페이지 http://teacher.i-scream.co.kr

ISBN 979-11-5929-021-3 03370　**CIP** 2018039326